U0695880

中华美好山川

齐云山

张　锦 ⊙ 编著

吉林出版集团股份有限公司

前　言

　　智者乐水，仁者乐山，中国山水雄奇伟丽，千姿百态，独具特色，与数千年文明相融合，积淀孕育了辉煌灿烂的山水文化。山山水水引发了无数的文化现象，成为中国文化的重要组成部分，也成为全人类的重要自然文化遗产。

　　山水文化的形成经历了漫长的历史过程，随着时代的进步，也在不断注入新的文明。山水首先是一种审美的文化，是最具美学价值的自然景观，给人以精神的愉悦和陶冶。《庄子》中说："天地有大美而不言，……原天地之美而达万物之理。"这正是人与自然之间的亲善而又和谐的关系的体现。人与山水之间审美关系的建立和发展，本质上是人类文明发展的表征，而我们对山水的自觉审美追求始于魏晋，当时人们崇尚自然，走向山林江湖，这种"体道"的直接结果是促进了山水文学和山水画的蓬勃发展，正如王国维所说："古今之大文学，无不以自然胜。"

　　中国人崇尚自然，喜欢山水，人们以大自然的山水为对象，创造了丰富多彩的山水文化。元人汤垕有云："山水之为物，禀造化之秀，阴阳晦冥，晴雨寒暑，朝昏昼夜，随形改步，无穷之趣。"正是对山水的无限热爱，中华民族才有了这极其可贵的文化贡献。左思说："非必丝与竹，山水有清音。"这种对山水清音的审美感受向来不只左思有，多数人亦有。中华大地，无山不美，无水不秀，"取欢仁智乐，寄畅山水阴"，庄子云："山林与！皋壤与！使我欣欣然而乐与！"这是中国人的山水观，更是一种山水情怀。

　　中国人喜爱山水，也与原始宗教文化有莫大关系。《韩诗外传》有云："山者，万物之所瞻仰也，草木生焉，万物殖焉，飞鸟集焉，走兽休焉，吐万物而不私焉。"《抱朴子·登涉》更直接说："山无大小，皆有神灵。山大则神大，山小则神小也。"古代"天子祭天地，祭四方，祭山川，祭五祀，岁遍；诸侯方祀，祭山川，祭五祀，岁遍；大夫祭五祀，岁遍；土祭其先"。对山川之神的祭祀膜拜，直接促使人们崇拜与敬畏山川，再加上我们是一个以农耕为主的民族，这使我们对山川更加依赖，与山川的关系更加紧密，这也成为我们文化的发端。

中国的文化特别是山水文化受道教哲学思想的影响较深。中国人制定礼仪规则，但又崇尚自然，老子的"人法地，地法天，天法道，道法自然"的哲学思想深受人们认同，山水文学和山水画最能直接体现这一哲学思想的影响之大。管子认为水是万物之本源，老子则说，上善若水，水善利万物而不争，处众人之所需，故几于道。这自然而然地注定中国山水文化发轫于斯。

佛教对山水文化的影响也不可小觑，天下名山僧占多，佛教对自然山水的开发和建设起了不可忽视的作用。众多的佛教名山荟萃了历代文物的精华，建筑、雕塑、书法、绘画等多有杰作存世。中国山水文化保留了历史的足迹，自古就有"读万卷书，行万里路"之说，把游历与读书相提并论，中国文化渊薮可见一斑。

中国天人合一的主体思想，以人为本，重视人与自然山水的和谐与协调。保护自然，与自然和谐共进是我们所追求的理想目标。人们涌向山川胜地体验自然是件好事，但不可使自然环境的承载能力超出其自身的净化能力，否则，许多名山大川的自然环境和人文环境就要遭受破坏，这些是人们所不愿看到的。为更好地弘扬祖国的山川文化，重视和保护祖国的美好山川，我们选择三山五岳、道教四大名山、佛教四大名山，以及黄河、长江两条母亲河共十八个山川文化遗存呈献给读者，以表达我们对祖国山川的无限敬爱。与此同时，我们也更祈盼它们能得到应有的关心和保护。

编者

2013年1月7日

目录

齐云山名称由来   8

齐云山地理概况   10

齐云山气候与生态   12

云崖湖   14

楼上楼   16

观音崖   18

飞天蜈蚣   20

万寿山   22

玉屏山   24

石佛塔   26

白云崖   28

仙人挂画   30

望仙亭   32

桃花涧   34

栖真岩   36

忠烈岩 38

退思岩 40

寿字崖 42

崖刻 44

香炉峰 46

月华街 48

洞天福地 50

真仙洞府 52

八仙洞 54

圆通洞 56

罗汉洞 58

雨君洞 60

文昌洞 62

太素宫 64

小壶天 66

玉虚宫 68

方腊寨 70

白岳碑林 72

登封古桥 74

文昌祠遗迹 76

十全老人敕御联 78

贤媳妇除垢雪冤 80

百鸟衔泥塑玄帝 82

望仙亭的由来 84

朱元璋敕建香炉亭 86

海瑞上齐云 88

唐伯虎仗义撰碑铭 90

小壶天里的故事 92

中立石镇贼 94

慈禧"寿"书齐云 96

方腊巧计退官兵   98

道教文化   100

正一派的传统   102

道儒佛的融合   104

徽州文化的影响   106

香火   108

道场   110

百字会   112

音成道日   114

齐云山南酸枣糕   116

"杜"字虾米豆腐干   118

绩溪菜糕   120

齐云山的矿产资源   122

齐云毛峰   124

文学作品中的齐云山   126

齐云山名称由来

齐云山

齐云山是中国道教四大名山之一，俗称道家的"桃园洞天"，供奉的主神和武当山一样，都是真武大帝，因此也有人称齐云山为"江南小武当"。齐云山风景秀丽，与千姿百态的黄山相对。古时，齐云山有白岳的美称，因此有"黄山白岳甲江南"的说法。齐云山的名称由来与自身独特的风景有着密切的关系。齐云山最高峰廊崖虽然海拔只有585米，和一般的高山比起来一点都不巍峨，但是其犹如一块巨石突然插入浩瀚的天空。齐云山崖壁如削，与天空中缥缈秀丽的白云并齐，因此得名为"齐云山"。这个生动形象的名称恰如其分地描绘了齐云山的最大特点。齐云山从唐朝元和年间就开始成为道家的朝拜之地，随着宋、元、明三朝的奠基和发展，在该地不断地完善道规、修建道院，香火逐渐旺盛起来，日渐成为中国最著名的四大道教圣地之一。

江南

广义的江南指赣、湘、沪、浙四省全境与皖、鄂、苏等省的长江以南地区，狭义的江南则特指浙北地区、沪全境、苏皖两省长江以南、赣北濒临长江鄱阳湖地区及赣东北地区。

黄山

黄山地处安徽省南部黄山市境内，每年都吸引众多的游客前来游览，著名的旅游资源有奇松、怪石、云海等。

唐代

唐代始于618年，结束于907年，历时共289年。唐朝由李渊建立，他被称为唐高祖。唐朝是中国历史上最强盛的时代之一，曾出现"贞观之治"、"开元盛世"等历史上著名的治世局面。

齐云山名称由来

齐云山地理概况

　　齐云山地处优美秀丽的风景名胜区黄山市境内，西面紧邻着新安江的发源地六股尖、牯牛降自然保护区，北面是素有"天下第一奇山"美誉的黄山，整座山脉狭长深远，面积达110平方千米。齐云山形成于5300万年前，其山貌的形成是由于所处的地区经过数千万年的造山运动，使原本凹陷的盆地逐渐向上抬升形成的断裂，造就了齐云山现在的丹霞地貌的基本格局。此外，地面的流水对抬升的岩层的剧烈侵蚀，经过长年累月的加深，原本的断裂就变成了幽深的沟谷。在沟谷的边缘，经过重力的拉扯作用，自然就形成了陡峭的崖壁，最高的峭壁达300米。齐云山的地质地貌属于中国境内已发现的典型丹霞地貌。在造山运动过程中的一次大规

齐云山国家地质公园

模的玄武岩喷发，形成了该地丹霞地貌的物质基础。该地区的丹霞地貌种类多样，品种齐全，整体属于峰丛式丹霞地貌。山区内耸立着巍峨的山峰，壁崖陡峭，怪石林立，为景区增添了别样的风景。

新安江

新安江长373千米，流域面积大约1.1万平方千米，发源于黄山市境内，进入浙江省境内后在建德与兰江汇合，流入钱塘江，沿江风景秀丽，素有"奇山异水，天下独绝"之美誉。

牯牛降自然保护区

牯牛降自然保护区是国家级森林和野生动物类型的自然保护区，位于黄山市石台、祁门两地的交界处，属于黄山山脉向西延伸的主体。在古代，牯牛降与黄山齐名。

造山运动

造山运动是地质运动的类型之一，指岩石因受力突然变形而形成的山脉隆起的运动。造山运动常常引起地势高低的变化，也可形成水平方向上的褶皱和断裂。

齐云山地理概况

齐云山气候与生态

　　齐云山所在的黄山市位于中国南部，属于北亚热带湿润季风气候区。这里全年气候温和宜人，平均气温为16.2℃。由于位于亚热带湿润季风气候区，且紧邻着牯牛降自然保护区，植被覆盖率高，长年水汽充足，雨水充沛，一年四季中春秋两季降雨量明显多于秋冬两季，几乎占全年降水量的70%。齐云山地区每年于6月中旬进入梅雨季节，降水连绵不断。该地区坐南朝北，光照资源充足，四季分明，但近年来该地区暖冬现象日益明显，冬季的气候特征并不十分明显。齐云山地区的典型植物类型有亚热带常绿落叶阔叶混交林群落，树种主要有青冈栎、甜槠、桧木化香、枫香、紫薇、小叶栎、槐树、拟赤杨、皂角、黄连木等。林间树木苍郁葱葱，物种资源丰富，仅木本植物就有220多种，且山上分布有中国特有的一些树种，如香果树、牛鼻栓、杜仲、拐枣等，山中还有品种多样的珍贵的中药材及动物资源。齐云山地区土壤条件优良，主要土壤品种有粗滑土、水稻土、红壤土、紫色土等。

梅雨

　　梅雨指初夏时节长江、淮河流域等地出现的持续时间较长的阴雨天气，此时节正值梅子成熟之际，故得名为"梅雨"。梅雨的出现源于雨带的南北位移。

齐云山云海

紫薇

　　紫薇也叫百日红、满堂红，分布于亚洲南部和大洋洲的北部。紫薇是山西省晋城市的市花，喜温湿气候，喜光，能有效吸附二氧化硫、氟化氢等有害气体，是城市绿化的理想树种。

香果树

　　香果树被英国植物学家威尔逊誉为"中国森林中最美丽动人的树"，该树喜温暖湿润的气候。香果树的药用价值高，其根入药能有效治疗恶心呕吐等病症。

云 崖 湖

　　云崖湖位于齐云山的东侧，东邻洪坑，西至万寿山，与月华街、楼外楼一起被认为是齐云山的三大景区。云崖湖景色秀丽，兼有奇景。湖体呈狭长状，河面弯曲错杂，水光潋滟，是一处水上游览区。游客泛舟于湖上，可将青山绿水之美景尽收眼底，山迎水送，若置身画中，颇有意味。湖边有唐宋摩崖碑刻林立，更有丈书"亘古奇观"，堪称是齐云一绝。云崖湖景点以岐山石桥岩为最奇，这是一块长90米、宽12米的天然巨岩，其下空如月，"桥拱"跨度40米，半径26米，凌空飞突，有鬼斧神工之妙。云崖湖又有奇景灯笼峰，几块垂悬巨石依崖悬列，形如灯笼，可谓是惟妙惟肖，令人叹为观止，不得不惊叹于天公造物之神奇。对

晚霞

于云崖湖的秀丽与奇景，曾有诗一首如此形容云崖湖：

激滟湖光寄壮游，奇观亘古慢回舟。

青山错杂掩诗卷，绿水弯曲运画轴。

叠嶂悬书题峻刻，灯笼列盏枕江流。

飘香毓秀含天籁，淡意疏容不胜收。

灯笼

灯笼又统称为灯彩，起源于西汉时期。每年的农历正月十五元宵节前后，人们都挂起象征团圆的红灯笼，来营造一种喜庆的氛围。后来灯笼就成了中国人喜庆的象征。

石桥岩

石桥岩原名岐山，又名"天桥岩"，位于齐云山白岳岭西，高约600米。石壁百丈，其上有古藤，下有石室，横亘数十丈。

唐宋摩崖碑刻

摩崖碑刻开凿于唐元和十一年（816），至唐开成元年（836）竣工，耗时20年。唐武宗会昌五年（845），这些碑刻被毁。唐宋摩崖碑刻为南北走向，长度超过20米，高3米多。

楼　上　楼

楼上楼位于齐云岩西3千米，北对秀丽如障的巨门峰，前临深谷。作为一处主要景观，楼上楼的区内有观音崖、飞天蜈蚣、万寿山、石佛塔、白云崖等景观。楼上楼建于明嘉靖七年（1528）前后，当初，建造者凭借丰富的想象力和创造力，顺其自然，在两层石窟中建造起一座幽美雄奇的楼阁。因此，便有了"楼上楼"这一名称。据说，当年有8名道人在此洞中潜心修炼。可见，楼上楼是融自然景观与道教文化为一体的。楼上楼石岩上还留有白云道人书题的"第二十楼"石刻："楼后寒泉飞瀑，楼前珠帘炫目。"楼上楼清静幽雅，左右两条石阶是上下楼的磴道。现如今，下窟建筑已毁，上窟基本完好。近年来人们在上层安

月华街

了栏杆，并且摆了八张桌椅，供游人品茗、饮酒。有游人在石门框上题了一联："奇岩怪岩这里岩上生岩，高峰低峰那边峰外有峰。"距楼上楼不远处有"仙人挂画"等景观。

龙吟桥

龙吟桥建于1993年，桥下流水哗哗作响，似在吟唱。此处因地势差，被冲刷成两个椭圆形的深池，碧水泛光，像龙的两只眼睛，因而又名"龙眼"。

白云道人

张贡（1620—1675），字绣虎，号白云道人。为浙江钱塘人，明吏部尚书张翰之后。因其能文，故闻名于天下，为人交友甚广。仕途不平，作为流放之人，其人其作，多有慷慨悲歌之特点。

品茗

茗，即茶叶之意。品茗，意为品味茶叶。品茗是一种较为文雅的说法。品茗时，可资回味的不只是那淡淡的幽香，更是对文人雅士之风和千古文化意趣之品味。

观 音 崖

　　观音崖位于安徽省休宁县城西约15千米处，传说千手观世音菩萨曾经云游到休宁，因行路太远而口渴，于是就到山脚下一户人家讨水喝。老人家见来者眉清目秀，又知书达理，就舀了一碗水给菩萨。其实这水是老人从山上的泉眼里得来的，老人从山上挑到山下很是辛苦。菩萨后来走到山上看到泉眼明白了老人的辛苦，坐在山崖边直接用法力把泉眼劈开，使之变成瀑布，于是菩萨曾经坐的地方被称为观音崖。走近观音崖，悬崖之下，峡谷之口，碧水如镜，云飞崖动，雄奇壮观。峭壁半腰有观音洞、藏佛洞、罗汉洞、盘蛟洞、藏经洞。清顺治年间，高僧海朝法师与雪清和尚在此建庵修行，现存雪清和尚圆寂塔墓和残碑数块。峭壁脚下，莲花池边现存圆通寺遗址，至今香火不绝。崖下绿草萋萋，怪石峥嵘，抬头望去，巨崖森然，令人肃然。据载："观音洞有石像观音，天然璎珞，不假雕饰，盖慈悲面非人力所能也。"

莲花

　　莲花，多年生水生植物，根茎（藕）肥大多节，横生于水底泥中。叶盾状圆形，表面深绿色，被蜡质白粉覆盖，背面灰绿色，全缘呈波状。叶柄圆柱形，密生倒刺。

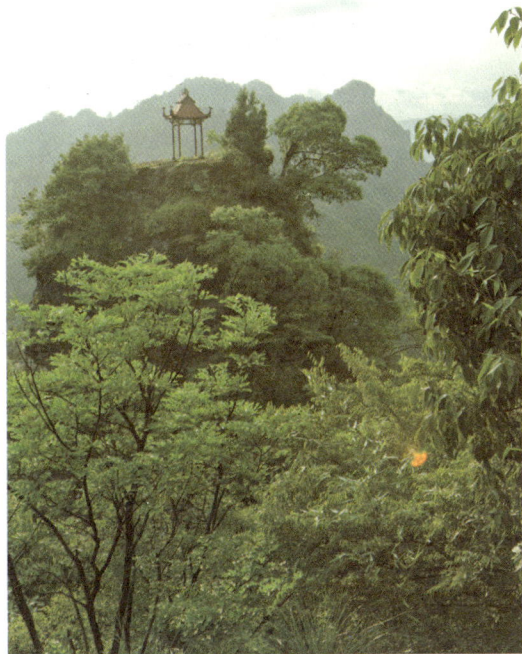

齐云山风光

顺治

顺治全称为爱新觉罗·福临（1638—1661），满族，是清太宗爱新觉罗·皇太极的第九子。崇德三年（1638）戊寅正月三十日生，其母为永福宫庄妃，博尔济吉特氏，即孝庄文皇后。

蛟

蛟是中国传说中能发水的龙，栖息在湖渊等聚水处，也会隐居在离民居很远的池塘或河流的水底。隐栖在池塘与河川的蛟龙，一般被称作"潜蛟"。

飞天蜈蚣

摩崖石刻

　　20世纪90年代中期，楼上楼景区红火时，建了一座漂亮的红木亭子，亭子很高，亭的两头建了两间小厢房，是收取门票的工作场所，两边是长长的美人靠。外表漆以红色，经过岁月的风吹雨打，颜色斑驳也淡了许多。亭子建在石拱桥上，此桥叫"龙吟桥"，建于1993年。人倚坐在美人靠上，赏山色美景，听松涛阵阵，仿佛秀色可餐，触手可及。向西望去，但见群山绵延，群峰竞秀。近处是幽壑万丈，深不见底。只见左前方，数座峰峦逶迤起伏，相连成一条长岭，由西向北，渐次升高，山势作欲飞状，气势非常雄伟，恰似一条巨大欲冲天而起的蜈蚣，甚是壮观，令人啧啧称奇，于是人们形象地把这里称为"飞天蜈蚣"，这就是齐云山飞天蜈蚣名称的由来。

美人靠

美人靠是徽州民宅楼上天井四周设置的靠椅的雅称。古代闺中女子寂寞时只能倚靠在天井四周的椅子上，或遥望外面的世界，或窥视楼下迎来送往的应酬，故雅称此椅为"美人靠"。

松涛

松涛的意思是风吹松林，松枝互相碰击发出的如波涛般的声音。古代认为风撼松林，声如波涛，因称松涛。曾有诗："风来松涛生，风去松涛罢。"

蜈蚣

蜈蚣是蠕虫形的陆生节肢动物，属节肢动物门多足纲。其身体由许多体节组成，每一节上有一对足，叫做多足动物。白天它们隐藏在暗处，晚上出去活动，以蚯蚓、昆虫等动物为食。

万 寿 山

万寿山在三国以前叫做古城山，在万安古镇东头。万安古镇位于休宁县城正东4千米处，依傍于横江北岸，临水而立，皖赣铁路、屯景公路横贯全镇。三国吴永安元年（258）至隋开皇九年（589），古城山一直为县治驻地。隋末汪华起兵，统辖歙、宣、杭、睦、婺、饶六州，也曾设治于此，并改古城山为"万寿山"，在山上建坊筑庙，大兴土木。明末清初，民族英雄金声招募义军数千人，屯扎于此，后北上抗清，兵败被杀。在陆路不发达时，万安一直是古徽州重要的水运码头，来往行商众多，渐成集镇，明清均为休宁九大街市之首，有"小小休宁城，大大万安街"之誉。登临万寿山，亲睹古城塔的风采。百丈浮屠，透着雄健的风骨而又带些柔婉的气韵。雄健之处在于这个庞然大物兀立山头，给人以强烈的视觉冲击。站在山上，头

象鼻岩

顶上是蓝的天、白的云，耳边回荡着阵阵松涛声，煞是惬意。从树的缝隙中往山下看，是古城岩景区；放眼远眺，蜿蜒流动的横江，错落有致的村庄，起伏黛绿的远山，尽收眼底，不由使人心旷神怡。

万安

万安镇属于休宁县，休宁城东扩已与该镇相连，至黄山风景区48千米，慈张公路、皖赣铁路东西向穿境而过。全镇地域面积79.76平方千米，辖15个行政村、1个居委会、157个村民小组。

汪华

汪华（587—649），被徽学大师叶显恩教授称为"古徽州第一伟人"，字国辅，歙州歙县登源人，被奉为"汪公大帝"、"太阳菩萨"。

吴永安

吴永安（? —1893），云南人。岑毓英部将中称骁果。以征回功，累迁至副将，赐号尚勇巴图鲁。从克澄江，擢总兵。

万寿山

玉　屏　山

　　玉屏山古名兵占山，位于齐云山西南30千米处，南临花溪河，北接雅安，全长10千米，海拔500米。因山形似屏风，故名为玉屏山。玉屏山现在东面有新建的闻泉阁，风格古朴，玲珑别致，飞檐翘角，具有中国传统建筑的特点。阁中对联是：泉出林间飞白练，云深山岫漫蓝天。登阁远眺，花溪河水如带，近望云海苍茫，早看八面山晨曦，夜观花柳万家灯火。闻泉阁左侧有名山，有一条银色瀑流，从150米高的悬岩上飞泻而下，气势磅礴。聚仙阁旁原有清代建筑清泉寺，新中国成立后拆毁，如今寺基尚存。中有地下室一个，幽深漆黑。西面有静思亭，造型秀丽，装饰雅致，风格浑厚古朴。玉屏山上的森林，柳杉笔直，

树木茂盛

一望无际，茫茫林海，郁郁葱葱，连绵起伏，伸展十余里。山中丛荫浓密，气候凉爽，为游览避暑胜地。山间一条弯曲的林中小道，两旁柳杉密荫掩蔽，宁静幽雅，时有一丝林岚薄雾，形成一道天然的翠绿走廊。

晨曦

晨曦是指清晨的阳光。晋陶潜《闲情赋》："悲晨曦之易夕，感人生之长勤。"南朝宋王韶之《宋四厢乐歌·食举歌》："晨羲载曜，万物咸睹。"

柳杉

柳杉，乔木，高达40米，胸径可达2米多；树皮红棕色，纤维状，裂成长条片脱落；大枝近轮生，平展或斜展；小枝细长，常下垂，绿色，枝条中部的叶较长，向两端逐渐变短。

地下室

房间地平面低于室外地平面的高度超过该房间净高1/2者为地下室。地下室是建筑物中处于室外地面以下的房间。

玉屏山

石 佛 塔

　　石佛塔的造型起源于印度，传说佛陀释迦牟尼涅盘后火化形成舍利，被当地八个国王收取，分别建塔加以供奉。另外，还在释迦牟尼一生中有纪念意义的几个地点：诞生处的蓝毗尼花园，成道处的尼连禅河，首次说法处的鹿野苑，安居处的祇陀园，从忉利天下处的桑迦尸国曲女城，化度分别僧处的王舍城，将入涅槃处的毗耶离城，涅槃处的拘尸那城，建造了八大灵塔，依次称作聚莲塔、菩提塔、吉祥塔、神变塔、天降塔、和平塔、胜利塔、涅槃塔，这些塔都是有纪念意义的。佛塔式的建筑在后汉末年，就已经风行全国了。据《后汉书》记载，汉末三国时期，丹阳人笮融"大起浮屠。上累金盘，下为重楼，有堂阁周回，可容三千许人"。石佛塔随着佛教传入中国，中国的工匠们将印度原有的覆盆式的塔的造型与中国传统的楼阁相结合，便产生了楼

碑刻

阁式的佛塔。齐云山的石佛塔就是当时的产物。石佛塔建筑宏大华丽，传说藏有佛祖舍利。

蓝毗尼

蓝毗尼位于尼泊尔南部鲁潘德希县内，是世界著名的佛教圣地。蓝毗尼距加德满都约360千米，位于尼泊尔南部的特莱平原上，属热带气候，最高气温可达50℃左右。

尼连禅河

尼连禅河为恒河的支流，位于中印度摩揭陀国伽耶城之东方，由南向北流。据《过去现在因果经》卷三、卷四载，释尊出家后，于尼连禅河畔静坐思惟，修苦行六年。

《后汉书》

《后汉书》是一部记载东汉历史的纪传体史书，与《史记》、《汉书》、《三国志》合称"四史"。书中分十纪、八十列传和八志，记载了从王莽至汉献帝195年的历史。

石佛塔

白　云　崖

齐云山

白云崖在距浮山10千米的七家山中，与浮渡山隔水相望。该山奇峻，有"小黄山"、"亚浮山"之称。据《传灯录》载：宋高僧守端住山白云寺，以白云山西岩为内院，为白云寺所有，故以"白云"名之。崖壑幽绝，奇景壮观，曾吸引墨客骚人来此览胜抒怀。崖壁间现存石刻21处，其中宋刻4处，主要是历代游人赞咏山之风景的题诗、题词和题名文字，字体楷、行、草、隶书兼有之，均笔力遒劲，神采潇洒，实为难得的书法艺术遗产。山上岩峰罗列，风貌各异。山中奇岩怪石，举目即是，俯首可见。抱龙洞，又名青华岩，洞高四丈（1丈约为3.3米），宽十余丈，深达八丈，可游可居。以穹顶中缝为界，左右岩石一边赭，一边黄，一边纹理竖直，一边纹理斜平，用物敲击，一边激越，一边深沉。蛾眉岩旁函云洞，洞体不大，神奇的是，山上云雾常起升于洞口，洞内有雾，山上有云，洞内雾消，山上云散，阮自华题刻"函云洞"，赵凡夫题曰"函云关"。函云洞左侧有长廊石壁数十丈，谓之"撒手廊"。

《传灯录》

《传灯录》是指记载禅宗历代传法机缘之著作。灯或传灯，意思是以法传人，灯录之作，萌芽于南北朝时期，而正式的灯录出现于禅宗成立以后，经历代辗转相续，至宋代达到极盛。

守端

守端（1025—1072），宋衡阳人，北宋禅宗临济僧人，出家后往参方会多年，遂传杨岐派。后住持庐山承天寺、白云山海会寺等，世称"白云守端"。

阮自华

阮自华(1562—1637)，字坚之，号澹宇，其父是赫赫有名的抗倭名将阮鹗。阮鹗为嘉靖甲辰进士，官都御史、浙闽巡抚，生有二子，长子阮自仑，次子阮自华。

白云崖

仙人挂画

道观

在齐云山的楼上楼不远处有"仙人挂画"一景。它是一块平展的崖壁，高约2米，壁面色彩斑斓，溪水成瀑自壁两边流过，形成天然石画。据民间传说，"仙人挂画"距今已有2000多年的历史。传说当时城里有一姓王名冕的石匠，是远近闻名的高手，无论是什么石头，经他一雕刻，各式各样的人物、花鸟、山水、走兽，栩栩如生，精美绝伦，巧夺天工，人称石匠王。他为人忠厚，心地善良，在城内开了个门面，方圆百里人尽皆知，知名度颇高。传说当年"王莽撵刘秀"（南阳民间传说），王冕曾救过刘秀并送一只石头葫芦给他作为盘缠，刘秀不胜感激，此后历经千辛万苦，也不曾将那只石葫芦卖掉。25年刘秀称帝后，仍不忘王冕的救命之恩，查访到石匠后，赐银千两，加封"石匠王"，并命人在齐云山的某处石崖处绣出一幅壁画，以此纪念王冕。从此，齐云山的仙人挂画名扬四海。

斑斓

斑斓是指色彩错杂灿烂的样子，形容颜色纷杂。徐志摩的《再别康桥》中有："满载一船星辉，在星辉斑斓里放歌。"

走兽

走兽泛指兽类。《孟子·公孙丑上》："麒麟之于走兽，凤凰之于飞鸟，泰山之于丘垤，河海之于行潦，类也。"三国魏阮籍《咏怀》之十六："走兽交横驰，飞鸟相随翔。"

刘秀

刘秀，东汉王朝开国皇帝，中国历史上著名的政治家、军事家。25年，刘秀与更始政权公开决裂，于河北登基称帝，为表刘氏重兴之意，仍以"汉"为其国号，史称"东汉"。

仙人挂画

望　仙　亭

　　望仙亭位于齐云山望仙峰与中和峰之间，两峰夹峙，形成关隘。望仙亭为齐云山旧时"九里十三亭"中最后一亭，1987年重建。四角二层楼阁式路亭，水泥钢筋仿古结构，亭高9.6米，底层面积54平方米，楼层面积46平方米。丹漆彩绘，雕梁画栋，华丽典雅。居高临下，远观山色，景趣尤佳。望仙亭过去叫"冷水亭"。相传八仙中的铁拐李云游到齐云山洞天福地的静乐宫，见灵乙道长仙风道骨，似道德清高之人，有心渡他。铁拐李说道："实不相瞒，我便是八仙中的李仙，今日要渡你师徒，想升仙就闭上眼抓住我的铁拐。"灵乙道长的徒弟布根想成仙但又舍不得珠宝，便谎称要回去给长明灯添加灯油以便拿珠宝。等他急急忙忙赶回冷水亭，见李仙与师傅驾云而去，空中传来李仙的话语："布根布根，六根未净，见利忘义，求仙难成，你再修九九八十一年吧！"此时布根虽悔已迟，但他记着李仙的话，常常在此久立久望，年深日久竟成立石，冷水亭也就改称望仙亭了。

关隘

　　关隘的意思是险要的关口。明冯梦龙《东周列国志》第七十二回："（楚）平王悉从其计。画影图形，访拿伍员，各关隘十分紧急。"

齐云山

32

望仙亭

钢筋

钢筋是指钢筋混凝土用和预应力钢筋混凝土用钢材，其横截面为圆形，有时为带有圆角的方形。包括光圆钢筋、带肋钢筋、扭转钢筋。

长明灯

长明灯又名续明灯或无尽灯，即佛前日夜常明的灯。自古以来，除夕夜家家户户所点燃的灯火，一燃上，就不能吹灭，直到油尽烛终自行熄灭，这是一项古老的传统风俗。

桃 花 涧

  桃花涧山青水碧，谷幽涧深，而且每年的4月桃花遍开，因此名曰"桃花涧"。桃花涧风景如画，引来游人如织。桃花涧源自峰上细流，千回百转汇集成滔滔涧水，从山上挺拔的林木丛中幽幽穿过。桃花涧与裸露的山峰石骨，共同构成一幅颇具风味的中国画。桃花涧为无心道人栖真处，道人俗名黄国瑞。他结庐于涧上，颜曰："洞天福地。"日进一食或数日不食，闭关寂守，罕与人接。抚台田生金，敬礼之。踵其居，叩以休咎。摇手不答。再三请，即瞪目曰："做汝自家的事。"又问，曰："自家事，忠孝而已。"平生绝不执笔，一日，忽留偈语示其徒，跏

盘山公路

跌坐化。过桃花涧往西，有石罅，方广若门，即"天门"。门下傍岩处，有石楠一株，大数十围，披纛参天，婆娑碧荫，如盖如幄。盛夏游人小憩其下，清凉袭体。后枯，移雕作神像。天门下诸石错落，如伏犀，如驯象，形态逼真。

无心道人

章仲山，名甫，字仲山，自号无心道人，江苏无锡人，为清朝著名的地理风水学家，是地理风水学派"无常派"的开派宗师。章仲山主要著作有《辨正直解》、《心眼指要》。

偈语

偈语就是预言的话，佛经中的唱词，如偈颂（偈文、偈句、偈言、偈语、偈诵，均为梵语"偈佗"，即佛经中的唱颂词）。

小憩

小憩的意思是休息一会儿。相传在唐朝文员大将冒圣与司法大臣之妻程大妞当朝对话的时候，对程大妞说："我没有睡觉，只是小憩一下。"文武大臣满朝哄笑，"小憩"故此流传了下来。

桃花涧

栖 真 岩

栖真乃道家谓存养真性，返其本元。《晋书·葛洪传论》："游德栖真，超然事外。"南朝梁陶弘景《真诰·运象二》："宗道者贵无邪，栖真者安恬愉。"清魏源《贵溪象山龙虎山诸诗序》："就中许崮尤幽绝，栖真莫宜焉。"据传，栖真岩是齐云山最早的道士——唐朝的栖霞真人修行的地方。唐玄宗数次召见栖霞真人，求长生不老之法。唐玄宗见到栖霞真人老态龙钟，就问："先生是得道之人，为何发疏齿落，老态龙钟。"栖霞真人说："衰朽之岁，也没有什么道术可依凭，所以才变成现在的样子，实在令人羞愧。不过今天如果把这些疏发残齿拔去，不就可以长出新的吗。"于是便在殿前拔去鬓发，击落牙齿。玄宗有点害怕，忙叫人扶栖霞真人去休息。一会儿栖霞真人回殿，果然容颜一新，青鬓皓齿。于是当时的达官贵人们都争

象鼻岩

相拜偈，求教返老还童的秘诀，但都被他拒绝了。栖霞真人回栖真岩后不久就仙逝了，唐玄宗为他建了栖霞观。

葛洪

葛洪，字稚川，自号抱朴子，《清微仙谱》称之为"小仙翁"。丹阳句容（今江苏镇江市句容县）人，生于晋武帝太康四年（283），东晋著名道教理论家、炼丹家、医学家。

《真诰》

《真诰》是道教洞玄部经书，为南朝道士陶弘景所著。陶弘景，字通明，自号华阳隐居，谥号贞白先生，丹阳秣陵（今江苏南京）人，是道教重要派别上清派的传承者。

老态龙钟

老态龙钟形容年老体衰，行动不灵便。源自唐李端《赠谢戴》："交结渐时辈，龙钟似老翁。"也指湿漉漉的样子，垂垂老矣之貌。伛偻着背，倚杖，抬头，缓缓移步。其状如龙弓腰，钟扣地。

忠　烈　岩

　　忠烈岩是祭祀关公的地方，民间祭祀关公的活动是随着统治者的倡导而逐渐兴盛起来的，大致与官方的祭祀始于同一时期。据清嘉庆版《关帝圣迹图志全集》记载："每岁四月八日传帝于是日受封，远近男女，皆刲击羊豕，伐鼓啸旗，徘优巫觋，舞燕娱悦。秦、晋、燕、齐、汴、卫之人肩毂击，相与试枪棒、校拳勇，倾动半天下。"这段简短的文字，不仅记述了民间祭祀关帝的时间、所献礼品，而且还实录了开展祭祀活动的地域及祭祀形式。在齐云山忠烈岩的祭祀活动中，以"领羊"来祭祀关公。"领羊"就是牵着羊祭祀关公，祈求平安吉祥。首先选一只羊，羊头及全身以红绿绸布结花，由鼓乐师吹奏导引，主祭人手捧香火，众祭人"领羊"紧随，到"关圣帝君"前行叩拜礼，然后主祭人焚香献酒，再斟酒敬羊（用酒洒羊头），如羊受酒摇头，则表示"关圣帝君"附于羊，赐福于众人；若羊头不摇，主祭人即用烫酒浇羊头，羊头遇烫酒必摇头，则愿望能达。

统治者

　　统治者是古代的君王，是当时某个区域名义上的最高行政长官，也表示控制一定领域的最强者或最高代表者。

齐云山下

实录

实录就是按照真实情况，把实际情况记录或录制下来。其也是编年体的一种，一般以皇帝的谥号或庙号为书名，也有以王朝命名的。在南北朝时期已有。

绸布

绸布是丝绸和土布的统称。丝绸是一种丝织物，也可称为绫罗绸缎。土布是指手工纺织的布，称为手工布、手织布、手工织布或家布。

忠烈岩

退 思 岩

香炉峰顶

　　走进退思岩，可以在"壶中天地"体验"举霞飞升"的感受。退思岩的葫芦形门坊强化了蓬壶的结构，门坊上有"小壶天"字样。"蓬壶"指的是仙山蓬莱，从这放眼望去恰似蓬莱仙境。这个丹台贴在绝壁上，下临深涧，岚烟缥缈，齐云道人张正一曾在这里羽化成仙，从此这里又称为舍身岩。道家典籍浩如烟海，人生超越的法门百样千种，汇集在典籍上的各人证悟的心得，大多艰涩难懂，扑朔迷离，传承非常困难，盲区、误区极多。世俗所讲的肉身飞升，也是误区的一种。实际上，羽化飞升的法门是通过极高深、艰辛的方式，炼成不生不死不灭元神，最后融入虚空，并不是简单地跳下山崖，粉碎了身体，使灵魂出窍，实现灵与肉的分离。齐云道人认为没有哪位是采取跳崖的方式飞升的。常在退思岩修真的养素真人，也只是在辟谷羽化后崖葬在舍身崖下的。

蓬莱

蓬莱属山东省烟台市，地处胶东半岛最北端，濒临渤、黄二海，东临烟台，南接青岛，北与天津、大连等城市及朝鲜半岛隔海相望。

羽化

道士修炼到极致跳出生死轮回、生老病死，是谓羽化成仙。飘飘乎如遗世独立，羽化而登仙。羽化也指昆虫由若虫或蛹，经过蜕皮变化为成虫的过程。

虚空

虚空是指心中无着落。《汉书·匈奴传下》："十二部兵久屯而不出，吏士罢弊，数年之间，北边虚空，野有暴骨矣。"

退思岩

寿 字 崖

寿字崖

齐云山是福泽之地，养育千年古树，同时也氤氲万古精灵。骚客文人钟情于此，留下种种史迹墨宝。相传寿字岩的寿字是清代慈禧太后的手笔，这个巨大的"寿"字，直径达到230厘米。慈禧太后的"御笔之宝"——"寿"字碑，散落民间的有很多，此处的寿字岩为清代凿刻。"寿"字宽70厘米，相传为慈禧太后五十九大寿时，有仙人托梦给慈禧，寓意慈禧长寿不老，慈禧醒来后兴奋不已，故赐御笔"寿"字。辛丑年当地知府知道此事后，为了讨好慈禧太后，升官发财，特在齐云山的某处悬崖处刻上慈禧御赐的"寿"字真迹，寓意"寿比南山"。齐云山是座吉祥的山，在老百姓的心目中齐云山与长寿密切相关，是真正意义上的寿山。我国被称作寿山的地方很多，如海南的南山、广东的潮州、福建的莆田、四川的大足、陕西的西安等地都有寿山。最著名的南山当数青海东都境内的南山，见于《中国名山大川辞典》。

氤氲

氤氲指湿热飘荡的云气。"氤"字从气从因，"气"与"因"联合起来表示"混沌之气飘荡聚合，轻扬者化为天，重浊者化为地"的过程。

辛丑

辛丑为干支之一，顺序为第38个。前一位是庚子，后一位是壬寅。论阴阳五行，天干之辛属阴之金，地支之丑属阴之土，是土生金相生。

南山

南山，泛指在南边的山，特指秦岭，具体来说指的是秦岭的终南段。历史上因为秦岭位于唐代长安以南，故称为南山。

寿字崖

崖　刻

齐云山的崖刻中年代最久远者为北宋大中祥符年间的崖刻；数量最多的是明、清两朝石刻。石刻内容，有赞颂齐云胜景的，有褒扬开山有功者的，有记述游山观感的，也有介绍名胜古迹的。这些石刻，流派纷呈，风格各异；正、草、隶、篆、行书各体兼备；其笔法，或丰润饱和，或云拥风削，或潇洒豪放，或柔婉秀逸，或刚劲傲骨，或飞龙走蛇；刻工精练娴熟，不失原作神韵。明代抗倭名将、民族英雄戚继光，在1585年游齐云山，道官吴伯宁、胡日章为其刻石真仙洞府两君洞内。刻文为："定远戚继光同新都汪时元、邵正魁、汪道会游此，时万历乙酉八月既望。本山道官吴伯宁、胡日章立石。"楷书，刻字高48厘米，宽52厘米。"楠岩"为行书，字径21厘米，镌于天门岩右。此处昔有楠树一株，粗大数围，传称"江南第一楠"。清初，遭雷击枯死，现无存。"南无无量寿佛"行书，字径18厘米。明万历十三年（1585），钱塘东佐家人，金氏，男希贤立，刻于天门岩外崖壁。

神韵

神韵指一种理想的艺术境界，其美学特征是自然传神，韵味深远，天生化成而无人工造作的痕迹，体现出清空淡远的意境。通俗地说，神韵就是传神或有味。

摩崖石刻

戚继光

戚继光（1528—1588），字元敬，号南塘，晚号孟诸，汉族，祖籍安徽定远，山东登州人。明代著名抗倭将领、军事家，与俞大猷齐名。

行书

行书是在楷书的基础上发展起源的，为介于楷书、草书之间的一种字体，是为了弥补楷书的书写速度太慢和草书的难于辨认而产生的。"行"是"行走"的意思。

崖
刻

香 炉 峰

齐云山风光

　　香炉峰在月华街太素宫前，山峰独立挺拔，形似香炉，故名。此峰底座小而稳健，炉身粗壮，顶端与底座大小几乎相同。传说顶上的铁亭、香炉是朱元璋所赐，铁亭系1983年重建的。每当雨后初晴，云雾缥缈之时，香炉峰或隐或现，有诗赞其曰："山作香炉云作烟，嵯峨玉观隐千年"。相传古代一位老将军南征凯旋，路过齐云山，被奇山秀水深深吸引住了，加之他厌倦了常年征战讨伐的日子，厌倦了官场生活，产生了退隐之意，隐居在齐云山，靠在山上种粮、烧炭为生。一天清晨，他挑着满满一担炭，走在山道上，忽然发现跟随的军犬不见了，心里非常着

急，四处寻找。他绕过山道，走上山冈，搬了一块石头垫脚，翘首远望，高声呼喊，却不见军犬出现。他一怒之下抽出扁担，甩向远方。时间一长，他因郁闷过度，长眠在齐云山上。那担炭成了"挑担石"，捧上山冈的石头成了"香炉峰"。

嵯峨

嵯峨形容山势高峻和山高峻貌，也指高耸的山。宋陆游《老学庵笔记》卷七："欧阳公谪夷陵时，诗云：江上孤峰蔽绿萝，县楼终日对嵯峨。"

军犬

军犬是在军队中服役的犬的统称。它是一种具有高度神经活动功能的动物，对气味的辨识能力比人高出几万倍，听力是人的16倍，视野广阔，有弱光能力，善于夜间观察事物。

扁担

扁担是指扁圆长条形挑抬物品的竹木用具，有用木制的，也有用竹做的。无论采自深山老林的杂木，还是取之峡谷山涧的毛竹，其外形都是相同的。

香炉峰

月 华 街

月华街

　　月华街是道士与山上居民居住的地方，也是山上的街市，同时又是香客、游人住宿之地。月华街现有古道房8座，还有许多徽派民居，它们与宫观、院房组成一个密集建筑群。在月华街景区中，天宫府作为新修复的建筑是最为显眼的，而且，山中的道场多数都在这里举行。届时香客云集，呈现出热闹的场面。在月华街上，原有12道房，道人们在此开展活动，也安享天伦。他们有很多行之有效的养生方法，例如，美味可口又强身健体的斋饭。齐云道士们以阴阳相对、相互依存的原则开创了道家餐饮文化：以肉食荤菜为阳，清淡素食为阴；热菜为阳，凉菜为阴；

烧炒为阳，清蒸为阴等，荤素兼顾，阴阳平衡。此外，茶在道教养生中的作用不可忽视。中国茶文化自古就与道教结下了不解之缘。齐云山道士也重视茶养生的功效，利用白岳茶进行养生。在小壶天里，一线泉泉水所泡的茶被道士称为元液，为道教养生之品茗。

宫观

宫观又称道观，即各类道教建筑的总称。其多位于名山大川附近，或位于规模较大的城市。道教教徒们多在此处修炼、传道以及举行各类宗教仪式。道教的宫观有两类：一是子孙庙，二是丛林庙。

道场

道场原指佛成道之所，也可以泛指为佛、道二教诵经、礼拜、修道的场所。此外，道场也可以用作寺院的别称。把修法行道的功德回向谁，就是在为谁做道场。

香客

香客通常是指到寺庙磕头、进香、许愿的人，是佛教最大的信仰群体。而道教对于香客的称呼是善福寿。香客的构成极为复杂，信仰的意图也是大相径庭。

洞天福地

洞天福地是道教仙境的一部分，多以名山为主景，或兼有山水。认为此中有神仙主治，乃众仙所居，道士居此修炼或登山请乞，则可得道成仙。分而言之，"洞天"是指山中有洞室通达上天，贯通诸山。东晋《道迹经》云："五岳及名山皆有洞室。"所列十大山洞名与十大洞天一一对应。"洞天福地说"亦即"道教仙境学"，是道教文化的重要组成部分。"洞天福地说"源于古代先民对"日、月、星、山、河、川"的崇拜观念，早期表现形态为《五岳真形图》。这种图形的画法，有点类似现代地图的分色标示法，黑者为山，赤者为水，黄者为洞天之口。在修道者看来，《五岳真形图》不仅是一幅地图，更是"迎真达灵"的信物。佩带此信物，可以辟邪去灾，还能使修道者知晓灵山仙真之观舍、采药炼丹之名山。同时，对修道者也是一种警戒：天地万物都是有感情的生命体，一山一河，一草一木，都有自己的尊严和神灵。善待万物，将会受到万物的迎拜和帮助。

《五岳真形图》

《五岳真形图》，道教符箓，据称为太上道君所传，有免灾致福之效。最早出现《五岳真形图》记载的是古代文献《汉武帝内传》，今河南登封县嵩山中岳庙内存有此图的碑刻。

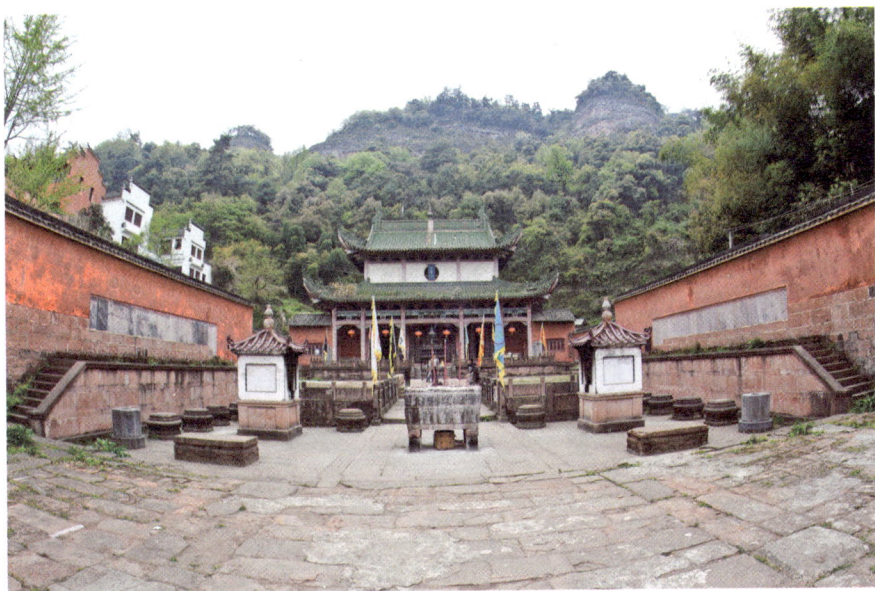

齐云山

请乞

请乞的意思是请求。《后汉书·李固传》："先是周举等八使案察天下，多所劾奏，其中并是宦者亲属，辄为请乞，诏遂令勿考。"

修道者

修道在道教中指学道修行，求得真我，去伪存真。修道又称修仙、修炼内丹，借假修真，现在的道士即修道者。

真仙洞府

望仙亭

　　真仙洞府崖壁下有许多洞穴，依次是八仙洞、圆通洞、罗汉洞、雨君洞、文昌洞，供奉有各路神仙塑像。以前修行的道士就居在洞中，是齐云山风景精粹之一。八仙洞供奉的是道教的八仙；圆通洞供奉的是佛教中的南海观音；罗汉洞供奉着真武帝君，两旁供奉着十八罗汉，应当说这都是道士们富有想象力的创作；雨君洞供奉龙王；文昌洞供奉文曲星，文曲星主宰功名，竟被道教"收编"上了道教神坛。从齐云山真仙洞府中可以感受到浓厚的儒、道、佛合璧的气息，颇有特色。真仙洞府崖壁上有很多摩崖石刻，其中最为醒目的是崖壁上的"天开神秀"四个大字，气势不凡，为真仙洞府的显著标志。传说鬼谷子本是道教的洞府真仙，位居第四座左位第十三人，被尊为玄微真人，又号玄微子。洞府就是洞天，是神仙住的名山圣境，又称洞天福地。传说有"十大洞天"、"三十六小洞天"和"七十二福地"。"道藏"中有一部专写洞天福地的书叫做《洞天福地岳读名山记》。

龙王

龙王是神话传说中在水里统领水族的王，掌管兴云降雨。龙是中国古代神话的四灵之一。

文曲星

文曲星，星宿名之一。中国神话传说中，文曲星是主管文运的星宿，文章写得好而被朝廷录用为大官的人是文曲星下凡。一般民间认为出现过的文曲星有范仲淹、文天祥等。

玄微子

玄微子就是鬼谷子，姓王名诩，又名王禅，春秋时卫国（今鹤壁淇县）人。常入云梦山采药修道。因隐居周阳城清溪之鬼谷，故自称鬼谷先生。

八 仙 洞

　　八仙洞里面供奉八仙（铁拐李、汉钟离、张果老、蓝采和、何仙姑、吕洞宾、韩湘子、曹国舅）的铜像，他们分别代表男女老幼，富贵贫贱，由于八仙均为凡人得道，所以个性与百姓较为接近，为道教中相当重要的神仙代表。相传八位仙人遨游东海时，途经此地，看到这里山清水秀、民风淳朴，就在这找了个石洞休息，后来人们就在这个石洞处建起了八仙洞，供奉八仙，百姓也常上香，以求八仙保佑平安。自清代以来，每年农历三月初三，八仙洞都会举行庙会。这里也是道教活动的道场。每到这一天，方圆几十里的数百名居士、信士都会来请香，清晨天刚蒙蒙亮的时候，庙里就香火不断了，同时八仙洞还为香客准备了斋

齐云山古道

饭，据说有祛病除灾的功效。八仙洞松柏苍翠，清静幽雅，沟河长流，清泉叮咚，走过吊桥就像进入世外桃源，洞天福地，仙风轻拂，是修身养性、净化心灵的清静之所。

何仙姑

何仙姑是世传八仙之一，旧时在汉族和部分少数民族中都广有信众。除了西安八仙宫有其塑像供奉外，又在泰山王母池等处享有香火。自唐宋以来，有关她的事迹记载极多。

韩湘子

韩湘子，字清夫，是民间故事中的八仙之一，拜吕洞宾为师学道。道教音乐《天花引》，相传为韩湘子所作。

曹国舅

曹国舅，名佾，亦作景休，乃北宋枢密使曹彬之孙、吴王曹玘之子，《宋史》称他为慈圣光献太后之长弟，故称国舅。在八仙中出现最晚。他在宋代就被内丹道收编为吕洞宾弟子。

圆 通 洞

圆通洞供奉的是佛教中的南海观音。《悲华经·受记品》谓菩萨在远古因地修行时期，因发大悲誓愿而蒙宝藏如来授记："善男子，汝观天人及三恶道一切众生，生大悲心，欲断众生诸烦恼故，欲令众生住安乐故，善男子，今当字汝，为观世音。"《楞严经·耳根圆通章》谓菩萨自述，往昔恒河沙劫前，师事观世音如来，以闻思修，入于正定，观世音如来"叹我善得圆通法门，于大会中，授记我为观世音号"。《法华经·普门品》谓释迦牟尼佛就菩萨"以何因缘，名观世音"的提问答复无尽意菩萨："善男子，若有无量百千万亿众生，受诸苦恼，闻是观世音菩萨，一心称名，观世音菩萨即时观其音声，皆得解脱。"相传观音平素在南海落伽山普陀崖紫竹林潮音洞内的宝莲座上修行。一日受八仙邀请来到齐云山，不知不觉被齐云山的雄山美景所吸引，并进入一洞歇息，此洞正是圆通洞，所以圆通洞里供奉的是南海观世音菩萨。

《悲华经》

《悲华经》，共10卷，北凉中天竺沙门昙无谶译，《悲华经》全经旨在叙述和赞叹释迦如来，谓释迦世尊往昔行菩萨道时，以大悲心哀愍恶世无依无怙的苦难众生，誓愿摄取不净国土。

山下风光

《楞严经》

《楞严经》，大乘佛教经典，全名《大佛顶如来密因修证了义诸菩萨万行首楞严经》，又名《中印度那烂陀大道场经》，简称《楞严经》、《首楞严经》、《大佛顶经》。

《法华经》

《妙法莲华经》，简称《法华经》，后秦鸠摩罗什译，共7卷28品，69 000余字，收录于《大正藏》第9册，经号262。

罗 汉 洞

对视群山

　　罗汉洞供奉着真武帝君，两旁却又供奉着十八罗汉。这十八罗汉分别为：布袋罗汉、长眉罗汉、芭蕉罗汉、沉思罗汉、伏虎罗汉、过江罗汉、欢喜罗汉、降龙罗汉、静坐罗汉、举钵罗汉、开心罗汉、看门罗汉、骑象罗汉、探手罗汉、托塔罗汉、挖耳罗汉、笑狮罗汉、坐鹿罗汉。"罗汉洞深二十余里，束炬东出，可抵县之蓝渡溪，然愈入愈狭，莫敢为之导者。"这句话意思是，据传说，这个洞深有二十余里，通向本县的蓝渡村。明代晚期的徐霞客在他的《游白岳山日记》中也有所说："罗汉洞，外开内伏，深且十五里，东南通南渡。"对于罗汉洞到底有多深，是否真的通蓝渡，直到今天也还没能弄明白。曾有书记载："罗汉洞，洞深31米，宽9.4米。传说洞深达10余千米，可通蓝渡，1987年9月，齐云山管理处组织探险队，手持照明电筒携带掘进工具，深入实地探测。但因岩洞越入越狭小，坚壁四周为阻，无隙可往前行。"人虽不能进，但又没有用水灌的办法尝试，终究还是不能说明它到底通不通蓝渡。

束炬

束炬指扎火把。宋刘克庄《戴秀岩》诗："外狭中乃宽，始暗俄忽明。縻腰尚恐堕，束炬方可行。"清吕留良《赖古堂集序》："先子于丧乱颠踬之后，举平生所作，畀之束炬。"

蓝渡村

蓝渡村位于徽州（现黄山市）休宁县齐云山镇。明弘治十年（1496）知县李烨创建蓝渡桥，桥上建有亭、庙等，甚为壮观。明、清各朝，数次维修。

《游白岳山日记》

《游白岳山日记》记载作者"冒雪蹑水"不畏艰难，不仅尽享山色美景，更得观赏"冰花玉树"。《游白岳山日记》对具体景致的记叙不甚详细，此山有三十六峰、七十二崖，文中皆无具述。

罗汉洞

雨　君　洞

　　雨君洞供奉龙王，故也被称为龙王洞，供奉龙王塑像，洞高3米，宽4米，深约5米。规模不算大，仅面阔一间。龙是中华民族的创造，是炎黄子孙的图腾，中国古代长期处于靠天吃饭的农耕社会，人们对于主管雨水的龙王尤其崇敬。这种崇敬并不盲目，而是由民以食为天这一基本的需求所决定的。当西天佛爷们排着长队走进国门的时候，才发现龙王爷的威望比他们高，于是龙王就当上了"顾问"，成了佛门的座上客。事实上，中国是龙的故乡，中国人是龙的传人，在中国人心目中龙永远是中国的神。每遇天旱，人们把祈雨仪式搞得非常隆重，由当地长者把村民组织起来，盛装艳服，编成几个方队，在龙王洞跪拜。洞外钟

齐云山风光

鸣鼓响，乐声悠扬，表演队伍欢呼雀跃，十分壮观。在这山鸣谷应的大山里，就像过节一样。据说龙王爷很灵验，祈雨后过几个小时或几天，总有天雨降临大地。

图腾

图腾是原始人群体的亲属、祖先、保护神的标志和象征，是人类历史上最早的一种文化现象。社会生产力的低下和原始民族对自然的无知是图腾产生的基础。

顾问

顾问是一个职位，泛指在某件事情的认知上达到专家程度的人，他们可以提供顾问服务。顾问提供的意见以独立、中立为首要。

虔诚

虔诚的本质意思是指恭敬而有诚意的态度，却又不是真理，多指形式上的。虔诚一词的阿拉伯语有纯洁、清除之意。

雨君洞

文　昌　洞

　　文昌洞供奉文曲星，文曲星主宰功名，属癸水，是北斗星，文曲与文昌同属吉星，代表有文艺方面的才能或者爱好文学及艺术。文曲星喜与文昌星同宫，可对照充分发挥其才艺，若再遇武曲星同宫，主博学多能。文昌洞是在1612年由一个农民发现的。他在攀岩登崖时发现了山洞，当时洞口狭小，又正值下午，太阳夕照，洞内明亮，只见洞内有两间房屋大小。于是，他决定自己捐资出力护修此洞。他上书当时的知县，正赶上知县也准备选择地方修文昌帝君庙，故此极为重视此洞。知县派人进洞观察测量，设计布局，遂进行化缘募捐钱、物，招募工匠。经过一年的艰苦施工，即1613年3月大功告成。因洞前是又高又陡的峭壁，便从

月华街

下坡处垒起3丈高的石墙，内填土和杂石，造成一个100多平方米的平台，以便人们祭拜。为方便人们上下，还沿山坡修了高陡的阶梯盘道。

癸水

在中国古代的传统文化中，十天干甲、乙、丙、丁、戊、己、庚、辛、壬、癸分别代指五行和四方，中央戊己土，西方庚辛金，东方甲乙木，南方丙丁火，北方壬癸水，故有癸水。

北斗星

北斗星又称北斗、北极星、魁星等，属大熊星座，是指在北天排列成斗形的七颗亮星，即天枢、天璇、天玑、天权、玉衡、开阳和摇光。我们常称它们为北斗七星。

文昌星

文昌是天上星官的名字，叫文昌星，民间认为它是专门管理人间读书和文士功名的官员。文昌贵人实际上是食神的临官宫。

文昌洞

太 素 宫

太素宫

　　太素宫是齐云山的主要道观，原名佑圣真武祠，始建于南宋宝庆年间（1225—1227）。祠中所奉真武神像相传为百鸟衔泥塑立，十分灵验。明世宗嘉靖十一年（1532），龙虎山正一派第四十八代天师张彦頨与道众赴齐云山为皇帝建醮祈嗣，果获灵验。于是皇帝敕令扩建真武祠，改名为玄天太素宫。据明代旅行家徐霞客记载，"宫北向，玄帝像乃百鸟衔泥所成，色黧黑"。像成于宋，殿新建于嘉靖三十七年（1558），庭中碑文，世庙御制也。左右为王灵官、赵元帅殿，俱雄丽。背倚玉屏，即齐云岩，前临香炉峰。该宫周围形成一条街道，即月华街。太素宫，规划周密奇巧，匠心慎微精湛，体现了我国古代劳动人民高超的艺术才智。虽全系木石结构，易于损坏，但因整修及时，历时四百载，依然如故。1987年9月，道教协会将募得的财帛，在第三进殿旧址上，从简建起一所庙堂，并聘请浙江省名工匠塑一玄帝坐像，正位入座，以满足朝山香客膜拜的愿望。

佑圣真武

佑圣真武又称真武大帝、玄天上帝、玄武大帝，全称真武荡魔大帝，为道教神仙中赫赫有名的玉京尊神。民间称荡魔天尊、报恩祖师、披发祖师。

龙虎山

龙虎山位于江西省鹰潭市西南20千米处贵溪市境内，是道教正一派的祖庭。东汉中叶，正一道创始人张陵曾在此炼丹，传说"丹成而龙虎现，山因得名"。

张彦頫

张彦頫（1490—1551），字士瞻，别号湛然，道教正一道第四十七代天师张原庆长子，第四十八代天师。

小 壶 天

　　小壶天位于月华街长生楼下，由一个石坊构成。石坊上有"小壶天"三字，石坊门洞呈葫芦形，进门后，便是一个长20米、宽3.3米、高2.5米的石窟。石坊建于明代中期，为红色砂岩筑成如壶形的门坊，上镌"小壶天"三字。穿过小壶天坊葫芦形门，为一狭长的石窟，上仰崖壁，下俯深涧，险绝处用石栏加固。窟内有一线泉，甘洌清甜，四时不涸，称之"元液"。石窟的一侧为万丈深渊，站在窟侧，有"无限风光在险峰"之感，后退一步，便见崖壁上有"思退崖"、"石上流泉"、"一线泉"、"飞升所"等石刻，据传这是道士飞升成仙的地方。2011年齐云山国家地质公园传来地质科考新讯息：我国古生物学家、著名科普作家邢立达在小壶天发现了62个恐龙足迹化石。这些恐龙足迹分别来自食草恐龙和食肉恐龙两种类型。这一发现为齐云山恐龙化石研究提供了新证据，对于齐云山地区的地质学研究具有较高的科学价值。

葫芦

　　葫芦是属于葫芦科葫芦属的一种植物，是爬藤植物，其果实也被称为葫芦。葫芦的果实可以在未成熟的时候收割作为蔬菜食用，也可以在成熟后收割加工为容器或者烟斗。

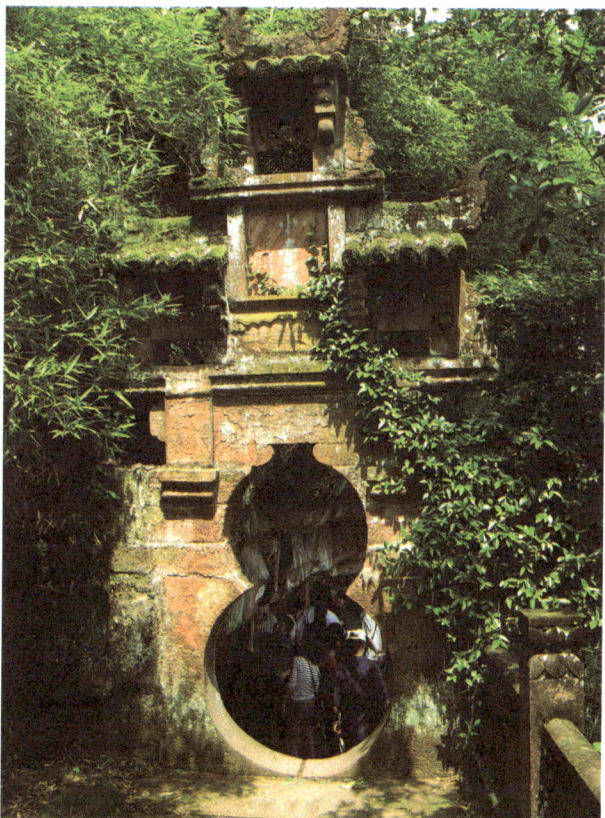

小壶天

科考

科考一般指研究人员就某一主题在实验室以外进行的实地研究考察工作。这种考察的目的，主要是观察研究对象在自然环境中的状态以及收集样本。

邢立达

邢立达，1982年生于广东潮州，为成都地质学院地层古生物系硕士，曾到加拿大阿尔伯塔大学生物科学系学习，为古生物学方向博士研究生。

玉 虚 宫

　　玉虚宫是一个建筑群名称，在我国有多个同名建筑。比如武当山玉虚宫、北京玉虚宫、山西柳林县玉虚宫以及神话故事《封神演义》中的玉虚宫。齐云山的玉虚宫为道教宫观，在紫霄崖下。明代正德十年（1515），由养素道人汪泰元创建，主祀真武大帝。宫前建四柱三层楼阁式石坊一座，坊高17米，以红色砂岩镌成，古朴典雅，独具特色。宫左现存明画家唐寅撰书《紫霄宫玄帝碑铭》。玉虚宫由"太乙真庆宫"、"五虚阙"、"治世仁威宫"3个石坊组成，石坊上有神鸟异兽图案的浮雕，宫内便是

齐云山下

石洞。洞内供奉的每尊神像都有与道教有关的传说。如今，玉虚宫是善男信女烧香求神、祈祷福寿的圣洁之地。建于1515年的齐云山玉虚宫坐南朝北，经数百年风雨侵蚀，门楼和内部的神像雕塑受损严重。后来经过近一年时间修缮，玉虚宫重现昔日风采。2009年11月2日，齐云山道教协会道长为玉虚宫神像开光。

柳林县

柳林县位于山西省西部，吕梁山西麓，东邻离石，西滨黄河，北接临县，南邻中阳、石楼。

《封神演义》

《封神演义》俗称《封神演义》，又叫《商周列国全传》、《武王伐纣外史》，是中国著名的神魔小说，约成书于隆庆、万历年间，全书共一百回。该书包含了大量的民间传说和神话。

开光

开光有多种，根据宗教不同可分为佛教开光、道教开光（如关帝阁专做关公开光）、阴阳师开光、堂口开光。佛教开光又分为群开光和单独开光。

玉虚宫

方 腊 寨

　　睦州青溪人方腊，原本是漆园主。相传其性情豪爽，深得人心，能号召很多生活困苦的农民。方腊率众在歙县七贤村起义，假托"得天符牒"，宣称："独吾民终岁勤动，妻子冻馁，求一日饱食不可得，诸君以为何如？"青溪的农民闻风响应，人数达到万人，起义军尊称方腊为"圣公"，改元"永乐"。义军声势浩大，不到半年时间，就攻占了歙县等6州52县，威震东南。宋徽宗曾下令童贯率军15万镇压，没有取胜。朝廷又三次下诏"招抚"，均遭方腊严词拒绝。方腊义军在齐云山的独耸峰上屯兵，抗击宋王朝官兵的围剿。在齐云山上，方腊义军凭借险要的崖洞和自然的云雾，把守要隘，居高临下，用刀剑和滚石把宋朝官兵打得落花流水。齐云山上，粮草充盈，池塘满溢，方腊依岩洞建寨，本来可以固守，但义军中出了叛徒，一夜之中，决了池水，烧了粮库，义军陷于绝境。方腊设计退了官兵，下了齐云山后，在浙江帮源洞被捕。齐云山的山寨故此得名方腊寨。

青溪

　　青溪位于镇远县东部，距县城45千米，东邻镇远县羊坪镇和湖南省新晃县，南接羊坪镇及三穗县，西靠镇远县蕉溪镇，北与岑巩县相连。

齐云山风光

漆园

　　漆园是古地名，在今天的安徽蒙城境内。蒙城古称漆园，战国时庄周为吏之处。乾隆《颍州府志》记有："漆园城，在县河北三里，即旧蒙城；庄子为漆园吏在此。"

七贤村

　　七贤村位于徽杭高速公路周边，S324省道直通。面积7.8平方千米，总人口2404人，800户，经济以茶、桑为主。

方腊寨

白岳碑林

下了望仙亭的索道，走到亭后的桃花洞和洞天福地的一处属天工所造的石洞中，为"崖下窟窿"，称之为一天门。一天门摩崖石刻和碑铭，数目种类很多，琳琅满目，被称为"白岳碑林"。而坐落在齐云山紫霄崖下，玉虚宫西侧的《紫霄宫玄帝碑铭》被大家认为是碑王。碑高760厘米，宽140厘米，厚20米，用整块红色的沙石凿成，下雕龟贝承托。碑面对北方，巍然屹立。碑的正面刻玄帝碑铭全文，系江南才子唐寅于明弘治十三年（1500）登游齐云山，后应道长汪泰元之请所作骈体文，首尾共计1028字；延新安名家汪肇篆额，戴炼书丹，歙休名匠刻手朱云亮、汪阳熙执錾主镂，费时二年竣工。碑的背面刻《紫霄崖兴建

碑刻

记》，叙述正德初玉虚宫修建始末。当然除了《紫霄崖兴建记》还有很多拓碑，例如《初望白岳山有感》、《齐云岩夜宿太薇楼》、《登齐云山排八韵》、《题齐云岩诗》等，它们都是白岳碑林不可缺少的一部分。

琳琅满目

琳琅：珍贵的玉石。满目：满眼都是精美的东西。琳琅满目形容美好、完美的事物很多，主要用于描述灿烂美丽、光彩夺目的物体，多指书籍、工艺品。

龟贝

龟贝是指龟甲和贝壳，古代亦用作货币，至秦而废。明刘基《赠道士蒋玉壶长歌》："琉璃云母龟贝朋，琳房璧觅珵阶升。"

骈体文

骈体文也称"骈文"、"骈俪文"或"骈偶文"，因其常用四字、六字句，故也称"四六文"或"骈四俪六"。全篇以双句为主，讲究对仗的工整和声律的铿锵。

登封古桥

　　登封古桥是明万历十五年（1587）由徽州知府古之贤倡建。桥成之日，古知府驾车而来，正举行庆典之际，朝廷使者驿书亦至，升古之贤为广东按察司副使，县民感其德政，祝古之贤被封大官，步步登高，便将该桥取名为"登封桥"。登封桥坐落在休宁县齐云山北麓岩前镇的横江之上，为登中国四大道教名山之一齐云山的必经之地。桥亦因此成为吉祥之地，俗谚称："登封桥上望一眼，高瞻远瞩福不浅。登封桥上走一走，延年益寿九十九。"该桥8墩9孔，桥墩船形，拱孔间距14米，桥长147米，宽8米，高9.5米，两端引桥各长16米，全以青石砌成。桥面平铺条石，两边立有0.9米高的石栏杆，拱圈为半圆形固端拱。桥上昔有亭、庙，今已毁。桥南端有二柱冲天式石牌坊，上书"登封桥"三个大字。桥北端竖有清代徽州府正堂"峻示"禁碑一块，全文为："严禁推车晒打，毋许煨曝秽污，栏石不许磨刀，桥脚禁止戳鱼，倘敢故违有犯，定行拿究不饶。"

按察司副使

　　按察司副使是明初所设按察司的副长官，正四品，洪武十四年（1381）改为从四品。其职掌按事分巡察兵备、学政、海防、清军、监军等；按地区分巡察、佥视、按劾等。

摩崖石刻

禁碑

禁碑就是通过国家的律令，以体制的力量来消除某些不合社会规范的记忆，在某种程度上也可以说是统一历史记忆。

戳鱼

戳鱼是钓鱼专业术语，指的是鱼食饵时将鱼丝急速向上抽，使鱼钩刺入并钩住鱼口。

文昌祠遗迹

　　在封建社会大凡有城就有庙，有庙也就供奉有神灵。建文昌祠于山之巅，意即神人合一，文风不振，使之成为文人会聚、崇祀文昌、地方文化发祥之所。据有关资料介绍，文昌祠原供奉文昌帝君神像。文昌帝君是文昌与梓潼帝君合称。文昌，又名"文曲星"。所谓"文曲星"，是古代中国神话中主宰功名禄位之神。传说姓张，名亚子，居蜀七曲山，仕晋战死，后人立庙纪念。据道教传说，玉帝命梓潼帝君掌管文昌府和人间禄籍，元仁宗延佑三年（1316），将梓潼帝君加封为"辅元开化文昌祠禄宏仁帝君"。"魁星"，即中国古代神话中的神，"奎星"的俗称。奎星原是中国古代二十八宿之一，被认为是主宰文章兴衰之神，汉代就有"奎主文章"之说，后世建奎星阁以崇祀之。传说中的奎星神像"不能像奎，而改奎为魁，又不能像魁，而取之字形，为鬼举足而起其

齐云山风光

斗"。故魁星神像头部像鬼，一脚往后跷起，如"鬼"字之大弯钩，一手捧斗，一手执笔，意味用笔点中士人之姓名。

文昌帝君

文昌帝君为民间和道教尊奉的掌管士人功名禄位之神。文昌本星名，亦称文曲星或文星，古时认为是主持文运功名的星宿。

梓潼帝君

梓潼神，原是流行四川北部梓潼的蛇神、雷神信仰，后与晋朝抗击符坚而殉国的忠臣"张育"合流，在北宋时，转化为保佑四川地区学子考试顺利的神祇。

元仁宗

元仁宗孛儿只斤·爱育黎拔力八达（1285—1320），蒙古帝国可汗，是元武宗弟，元武宗封他为皇太弟，相约兄终弟及，叔侄相传。

十全老人赐御联

乾隆后期，国泰民安。乾隆自号十全老人，三次微服下江南。1766年，他微服来到了徽州府。当听说境内的齐云山香火日盛时，他一时兴起上了山。当他们来到太微房时，一位采茶女正坐在火炉边捧着玉米馃吃得正香。此情此景感染了乾隆帝，忙问采茶女吃的是什么？这个采茶女见是位外乡老头，便说："手捧苞芦馃，脚踏一盆火，除了皇帝就是我。"说罢还递乾隆一个。女子的热情和食物的香气打消了乾隆的怒气，他大口吃起来，边吃边说："朕从未尝过此等美食，好吃好吃！"茶女一听忙问："你老人家是？"随从怕暴露了皇上身份，忙说："真好吃，我们十全老人说你这馃真好吃。"回京城后，乾隆对齐云山，尤其是对玉米馃念念不忘，时常吩咐御膳房做一些玉米馃之类的点心。他忆起齐云山时提起御笔，写下"天下无双胜境，江南第一名山"的楹联，并拨金银玉帛若干，修缮齐云山宫观道院等。正是：美景玉食感龙恩，十全老人赐御联。齐云胜景绝天下，两个第一史无前。

玉米馃

玉米馃为安徽美食，做法如下：用沸腾的水冲泡玉米粉，待凉后才能开始做馃；另外就是馃馅，因为玉米粉不如面粉有黏性，馅一般用小菜（腌菜或干菜）和油渣炒。此外，还有炭烧的做法。

紫霄崖

御膳房

御膳房分布于紫禁城内大大小小的宫院里，是专门准备皇室食桌的厨房。几百年来，御膳房搜罗了大量的民间美味，供帝王们享受。御膳房设有荤局、素局、挂炉局、点心局、饭局等五局。

楹联

楹联又称对联，俗称对子，通常写在纸、布上或刻在竹子、木头、柱子上，是一种对偶语句，形式上言简意深，对仗工整，平仄协调。对联大致可分诗对联和散文对联。

贤媳妇除垢雪冤

齐云山云海

新安郡（今徽州）有一个桃源村，村东有一位年轻媳妇余蓉花，是出名的贤媳妇。南宋淳熙年间大旱，婆婆外出讨饭，不幸曝尸荒郊，丈夫又被抓了徭役，惨死在外，只剩下老公爹和蓉花。公爹几次催她改嫁，可她怕委屈了公爹，每次都拒绝。俗话说，花香惹蝶，村西头有一个好吃懒做的光棍，叫颜三赖。他相中了蓉花，哪知几次求婚，都遭到蓉花的严词拒绝。他心不甘，便传言蓉花与公爹不伦。第二天谣言四起，人们都躲着蓉花。新安郡西部有一座齐云山，每年三月三都举行道家盛典——百子会。各地善男信女登齐云做祈求。这天，蓉花也来到齐云山，刚到一天门，一个霹雳直朝蓉花打来。她应声倒地，人事不省。同村几个人买来一口薄棺将她装殓，抬送桃源村。几人刚至余家不觉愣住，但见蓉花端坐堂前缝衣！大家小心地打开棺木，却见里面有一匾额，上面几个鎏金大字："御赐蓉花节女，贞孝可嘉，玄天上帝。"从此，大家对蓉花肃然起敬。在此典范下，新安郡尊老爱幼、夫妇相敬如宾的传统世代相传。

徭役

徭役是古代统治者无偿征调各阶层人民所从事的劳务活动，包括力役和兵役两部分。它是国家强加于人民身上的一种沉重负担。

善男信女

善男信女原是佛教用语，指皈依佛法的男女，后来泛指信仰宗教、皈依道门的男女，又可泛指心地慈善而又单纯的人。

盛典

盛典包含有三个基本意思：一指重大的典章制度；二指盛大的典礼，即大规模的、十分隆重的仪式；三指隆重的恩典。

贤媳妇除垢雪冤

81

百鸟衔泥塑玄帝

　　传说齐云山玄武太素真人道成后已是2500岁，后紫虚元君授无极大道，称之为"北方真武大帝"，镇守北方，掌管阴间一切善恶，普济众生。某天玄武出山，他驾云到齐云山时，感慨这里仙境般的美景，便降临于齐云山巅。齐云美景令玄武留恋难舍，他心想，在武当山苦修两千余年，何必再孤守武当？不妨就此建座行宫，日在武当修行，夜回齐云显灵。无形的灵神，若在此山定鼎还须有个偶像寄托，才好招徕八方香火。玄武正在想，忽见一朵祥云飘来，化作白鹤仙子。仙子拱手参拜："仙长驾临此山，乃草木有幸，妙乐天尊揣知仙长心事，使我前来劝君。"玄武谢恩又将所思告之白鹤仙子。白鹤仙子应命告别玄帝，立即传召全山百鸟，即日兴工。自此，百鸟云集，不几日，塑起一尊玄帝偶像，威严夺目。到南宋宝庆年间，道士们创立"佑圣真武祠"，烧起香火，日夜供奉。因玄武有求必应，神威江南，道士也纷纷驻守山上，在岩洞、道房供上玄武帝像，香火日趋兴盛，齐云山成为一处久负盛名的道教圣地。

阴间

　　人类死亡后，其灵魂所在的空间，称为阴间。在中国古代传说中阴间是由阎罗王掌管的。与其相对的是人类生存的空间，即阳间。

山间小路

仙境

仙境是指神话般的、想象的国土。仙境之说起源于中国远古神话，道教称仙境为神仙所居的胜境。此外，仙境还可以借喻景物极美的地方。

祥云

祥云是指吉祥的云彩。其文化概念在中国具有上千年的时间跨度，是极具代表性的文化符号。北京奥运会火炬的创意灵感就来自"渊源共生，和谐共融"的"祥云"图案。

望仙亭的由来

望仙亭原名冷水亭。传说1000多年前，李铁拐云游到齐云山洞天福地静乐宫。灵乙老道见来者瘸腿，身背大葫芦，肋夹长铁拐，遍体疮痍，便收留了他。道人门下有个道徒布根祖，此人心术不正又贪心，见李铁拐后面露嫌弃。李铁拐看在眼里，佯作不知。道人每天款待来客，并以妙药给李熏洗脓疮。一天道徒以扫地之势赶李铁拐，李铁拐并不介意。道徒转身欲走时，见李铁拐落下一块碎银，忙拾起藏入道袍。81天后，李铁拐"康复"告辞，盥洗时"忘"下一颗夜明珠。道徒见了偷将其扣在脸盆下。当师徒送客到冷水亭时，李铁拐报出身份，欲超度二人成仙。道徒想起宝珠便谎称忘给长明灯加油，可当他掀开脸盆却发现宝珠变成石子，再看银块却是泥巴。待他赶回，二人已腾云驾雾而去。他悲切呼唤，只听李铁拐在云端说："布根祖，你六根不净，见利忘义，意求成仙，还需修行九九八十一年！"从此，他天天在望仙台上望云兴叹。日晒月照，风剥雨蚀，他的身躯变成一块立石，冷水亭也改称"望仙亭"了。

李铁拐

李铁拐即"铁拐李"，名诚，字玄甫，号东华帝君或紫府少阳君。汉代东海(今山东兖州)人。后称北五祖之第一祖。在八仙传说故事中，李铁拐是年代最久、资历最深的一位神仙。

望仙亭

夜明珠

夜明珠是一种稀有的宝物，指在黑暗中，人眼能明视的、天然的、能自行发光的珠宝。古代称为"随珠"、"悬珠"、"明月珠"等。通常所说的夜明珠是指荧光石、夜光石。

修行

修行是指具有自我意识的客观存在，为了实现自主进化的目的而对自身施加的一系列约束的总称。一般包括修养德行和为超凡脱俗而实践的方法。

朱元璋敕建香炉亭

600多年前的一天，明太祖朱元璋和随从来到了齐云山。一行人马谈笑风生，行至月华街时，老道长汪泰元早已在迎官亭恭候多时。朱元璋走下龙轿，边听道长介绍，边发出"好地方，好地方呀"的赞叹。至香炉峰时，道长禀报这峰的神与奇。朱元璋不由得停下脚步，观赏起来。老道长见时机成熟，跪下道："皇上，这奇峰秀压群山，但总觉得有所缺憾，不够完美。它已等候千年，单等万岁画龙点睛。"朱元璋一听，便允诺敕建香炉峰铜香炉一只，铁亭一座。时过三月，铜香炉、铁亭均已铸造完毕，甚是华丽壮观。老道长择了个黄道吉日，请来6位壮士，安装铁亭。但亭身重达1500多千克，香炉峰又势如陡壁，怎能装上去？众人只得望亭兴叹。午夜时分，狂风乍

齐云山风光

起，猛然间一道闪电，从天上下来一条金钩，拽起铁亭和香炉，慢慢向峰顶飘去。次日早，道士们发现铁亭、香炉已安然立于峰巅之上，称奇不已。汪道长高兴地说，这分明是玉皇大帝派遣天兵天将暗中相助，庇佑明朝，齐云山香火日后将更盛。

朱元璋

朱元璋原名朱重八，后取名兴宗，明朝开国皇帝。1368年在基本击破各路农民起义军后，于南京称帝，国号大明，年号洪武，建立了全国统一的封建政权。朱元璋统治时期被称为"洪武之治"。

黄道吉日

旧时人们常以星象来推算吉凶，将青龙、明堂、金匮、天德、玉堂、司命六个星宿谓之吉神，六辰之时，诸事皆宜，称为"黄道吉日"。也可泛指宜于办事的好日子。

天兵天将

天兵天将，顾名思义是天界中的将领和士兵，他们的主要作用是守护天宫，维护佛法，下界降妖除魔。此外，也可比喻本领高强的人。

海瑞上齐云

　　据说明嘉靖年间风和日丽的一天，刚直不阿的海瑞，在众随从侍卫的簇拥下来到齐云胜境。行至一天门石阶前，忽然狂风骤起，刹那间天昏地暗，一行人等无法前行。海瑞疑惑不解，望向四周，只见一天门侧的雷霆纠罚司内，专门掌管法律的菩萨老爷，手执钢鞭，瞪着铜铃般的双眼，直盯着随从们的脚下。海瑞忽然明白，他的随从和侍卫们的脚上穿的靴子，都是牛皮所制，此乃道家圣地，岂容杀戮生灵者来此玷污？于是当即吩咐他们脱去皮靴，赤脚登山。果然，顿时天开日朗。随后，他们来到大殿

齐云山下村落

前，烧香拜神。进了正殿，海瑞发现鼓架上有一面直径八尺有余的牛皮大鼓，不觉低叹："我等穿牛皮靴不让上山，此处却安置了偌大的牛皮鼓。礼法之前，理应人神平等，可见山上这位司法老爷，也并非廉明公正之师也！"谁知话音未落，就听"嘣"的一声巨响，鼓面裂成无数碎片。从此，齐云山正殿的大鼓采用麻布蒙制。

海瑞

海瑞（1515—1587），字汝贤，号刚峰，广东琼山（今属海南）人。历任知县、州判官、尚书丞等职。他为政清廉，忠心耿耿，直言敢谏，后人称其为"海青天"，与宋代包拯齐名。

菩萨

菩萨来自梵语的音译，是佛家语。佛教指修行到了一定程度、地位，仅次于佛的人，特指大乘佛教中作为神而加以崇拜者。

生灵

生灵一般指有生命的东西，或者指人民、百姓。宗教如道教、佛教都认为万物都是与人类平等的、有佛性的生灵。大自然的一草一木都有其存在意义。

唐伯虎仗义撰碑铭

象鼻岩

　　话说明朝弘治十一年（1478），唐伯虎参加南京应天府乡试，中了解元。不料进京会考前发生泄题案件，与主考官程敏政两人被冤枉入狱。后虽洗去冤屈，但唐伯虎出监后被贬至浙任小吏。他深感世态炎凉，官场险恶，想以游历名山大川来荡涤抑闷的胸怀。离京时，听恩师程敏政谈起家乡齐云胜景，便萌发去齐云山的念头。来到齐云山，在这人间仙境，烦恼忧愁顿觉消失。游罢新落成的玉虚宫，步出殿门时，唐伯虎见道长汪泰元倚栏站在雷坛上，面有难色，原来道长欲在玉虚宫前竖一碑，一是借以昭示神灵之威严，二是褒扬兴建玉虚宫的捐助者。山下有个贾秀才，写得一手好字，但非要200两银子润笔不可。唐伯虎听罢热血涌腾，豪爽地表示愿斗胆代为撰写碑文。当晚，唐伯虎下榻长生楼，轻铺素笺，饱蘸浓墨，写出一篇《紫霄宫玄帝碑铭》骈体文。后经休宁、歙县两地工匠镌刻，费时两年竣工。碑高7.6米，宽1.4米，巍峨屹立于玉虚宫前。

唐伯虎

唐伯虎（1470—1524），即唐寅，字伯虎，号六如居士、桃花庵主等。江苏苏州吴县人，是明朝著名的画家、文学家，被称为"吴中四才子"之一。关于其传说，最著名的就是"唐伯虎点秋香"。

解元

解元亦称"解首"，属于唐制，举进士者皆由地方解送入试，故后世称科举考试中的第一名为解元，例如世称明代唐寅为唐解元。

秀才

秀才又称茂才，原指才之秀者，始见于《管子·小匡》。汉以来成荐举人才的科目之一，而在明清时期则作为学校生员的专称，后来泛指读书人。

小壶天里的故事

齐云山的小壶天，曾经流传着一个美丽动人的爱情故事。500年前的浙江淳安县茶湾村，有一对青年男女，男子叫树根，女子叫春花。他们自小青梅竹马，成年后更加情深意笃，两人海誓山盟，愿终身相守。可是，春花的父亲嫌树根家境贫寒，执意否定这门亲事。他将女儿痛打一顿，还把春花锁在阁楼上，不准其再同树根见面。春花日渐消瘦。一天深夜，树根偷偷来到楼下，接走了春花，两人趁着夜色，逃出了村子。他们来到齐云山时，还未站稳脚跟，就看见春花的父亲带着一帮人赶上山来，两人躲进小壶天，抱头痛哭。他们已经没有退路了，既然生不能在一起，那就死在一起。树根紧紧抱住春花，纵身一跃，跳进了深不见底的舍身崖。只见一股青烟升起，树根的尸

小壶天

体化成一座鹊桥，横卧在小壶天危岩之上；春花的一双泪眼变成了两个清澈的水池，日夜守护着自己心爱的恋人。现在，人们都喜欢用小壶天里的"一线泉"冲泡香茶。

青梅竹马

青梅是指青的梅子，而竹马指儿童以竹竿当马骑。青梅竹马指男女幼年时亲密无间，而"青梅竹马"的时代就是天真无邪的时代。

阁楼

在古代，阁即闺房，未嫁的女子都住在阁楼上，所以女子出嫁称为"出阁"。古人强调三从四德，女子要大门不出，二门不迈，不准与外界的男子见面。

鹊桥

在我国传说故事中，每年的农历七月七日，即七夕，会有喜鹊在银河上架起桥梁，让牛郎和织女相见，这便是鹊桥。后来鹊桥引申为能够连接男女良缘的各种事物。

中立石镇贼

　　明嘉靖年间，齐云山的玄天太素宫因数年失修，神像金身失色，为能久留尊神，普度众生，众道友纷纷慷慨解囊，香客们也争先捐款，一时收到白银百万两。不出数月，太素宫已面目一新，尚剩白银3500两。住持妙青道长想，这么多银两置于宫内，若有闪失怎么办？应藏于隐蔽之处。老道长思来想去，最高峰算是理想之地。于是便选了几个可靠道徒，连夜将银两埋在廊岩下。可是齐云山下岩脚村的无赖黑三却发现了这事。此人无恶不作，趁着天黑，又想上山偷窃香客钱财，恰遇一伙道人深更半夜扛箱抬盒，赶往最高峰，便跟上去并发现了秘密。次日夜里，无赖黑三带上家什，蹑手蹑脚来到最高峰，迫不及待地挖起来。突然，白光一闪，满满一坛白银！他一下子扑了上去，触动了老道长设下的保险机关，只听"轰"的一声巨响，一块巨石从廊岩顶上滚落下来，将他和银两一块压在了廊岩下。这块镇贼巨石，便是现在的中立石。几百年过去了，中立石依然挺立在最高峰上，这个故事也在民间流传至今。

神像

　　神像一般是指神仙或佛祖的图像、塑像。李肇《唐国史补》曾这样记载："又有为伍员庙之神像者，五分其髯，谓之五髭须神。"此外，还可以表示死者的遗像。

摩崖石刻

白银

白银即银，是与黄金相对来讲的，因其色白，故称为白银。白银多用来作为货币以及装饰品。在古代用于交易时称为白银。

机关

机关原本是指设有机件并能够制动的器械，后来引申为周密的计谋或心机。而在现代社会中，机关一词则代指政府职能部门。

慈禧"寿"书齐云

寿字崖

　　清朝同治十二年（1873）正月，同治帝宣布：日后将亲自料理朝政。原本日夜操劳国事的慈禧顿感轻松，但心中不免有大权旁落的悲哀。无所事事的她要像先皇们一样留下墨宝，练习书法充满激情。光绪二年（1876），慈禧的母亲七十大寿，但慈禧已经重掌国事大权，实在分身乏术。于是她筹备了一份厚礼，并亲自写了一个大"寿"字，那寿字悬于老母中堂之上，可谓雅室生辉。当时，有位徽商程长贵，是个书画、古董收藏爱好者。他通过太监李莲英，求得一款慈禧太后亲书的寿字条幅。作为道教的忠实信徒，这年三月三，他将慈禧寿书捐给了齐云山。众道士顶礼参拜后，即选一黄道吉日，请当地一名镌刻高手，将慈禧的寿字放大十倍，凿刻于栖真岩下。崖刻"寿"字高420厘米，宽230厘米，运笔雄浑苍劲，阳刚中透着隽美。"寿"字崖刻是齐云山现存石刻中字体最大、作者是女性且年代较近的一方刻石。现在供游人观赏的"寿"字系程长贵后人于1948年请名家依照原字重勒的旷世杰作。

慈禧

慈禧（1835—1908），叶赫那拉氏，名杏贞。她是咸丰皇帝的妃子，同治皇帝的生母，后以皇太后身份垂帘听政，是1861年至1908年间清朝的实际统治者。

石刻

石刻艺术在中国有着悠久的历史，属于雕塑艺术，是运用雕刻的技法在石质材料上创造出各种具有实在体积的艺术品。

镌刻

镌是雕的意思，镌、刻两字连在一起便是雕刻的意思。通常来说，镌指将文章或诗歌等郑重地刻在木头或石头上。此外，政府一般在公文类表励时会立碑，并用"镌刻"等字眼。

慈禧『寿』书齐云

方腊巧计退官兵

北宋末年，朝廷横征暴敛，百姓怨声载道。歙县七贤村桶匠方腊率领数万饥民揭竿而起。朝廷调集十几万军队围剿，义军寡不敌众退驻月台山上。这山是白岳的一脉，三面绝壁，仅有一条人工通道，两旁涧深百丈。义军守在这里，占据地形优势。义军投石如雨使官军难攻此山。领兵的徽州府尹心一横：不能捉活的就要死的，传令屯兵把这座山围了起来。月台山粮草充盈，兼有天池，本可固守，不料义军一个小头目，生怕玉石俱焚，欲投敌，就决了天池的水，烧了粮。方腊发现后将他斩首示众。此时山上已无粮水，方腊仰望苍穹心头一亮，吩咐将士将仅剩的一点糯米喂饱一条猎犬后驱它下山，又吩咐将池底两条大红鲤鱼也扔下山去。官军见跑下一只黄犬，杀后剖开肚皮，发现狗

山上的建筑

腹内竟是米饭。又发现两条活鲤鱼，得知山上粮多水足，加之久围无果，军心涣散，于是撤退。方腊智退敌军后率众下山，开辟新的战场。为纪念这位英雄，当地人改月台山为方腊山，后叫方腊寨。

北宋

北宋（960—1127），由赵匡胤建立，建都东京（今河南开封），与南宋合称宋朝。它结束了自唐末以来分裂的局面。1127年，徽、钦二帝被金军掠走，史称"靖康之变"，北宋灭亡。

桶匠

桶匠也叫箍桶匠，是中国一个古老的行业，是旧时中国农村不可缺少的工匠种类之一，和木匠、石匠一样常见。桶匠做桶形或圆形家具，也和木匠一样，以木材为材料，以杉木为主。

府尹

府尹是官名，始于汉代，一般为京畿地区的行政长官。如在唐代，东都、西都、北都及州郡，皆置府尹。后也泛称为太守。

道教文化

　　道教创建于汉朝末年，作为我国唯一土生土长的宗教，其集中国古代文化思想之大成，以道学、仙学、神学和教学为主干。当今，道教文化和旅游也有着密切关系。齐云山就是一处旅游资源丰富的道教文化圣地，主要体现在几个方面：第一是道教建筑，齐云山的道教建筑不论是布局还是结构都体现了朝天敬神的思想理念，宫观建筑风格多样，表现了道教的艺术魅力；第二是道教摩崖石刻，齐云山至今仍保存着自北宋以来的摩崖石刻305处，碑刻232块，其中不少是道人留下来的，具有较高的历史和文物价值；第三是道教雕塑绘画，齐云山的神仙雕塑在经过战争的破坏和摧残之后，现经修复的仅有200余尊，但栩栩如生，仍隐约可见鼎盛时期的气派，并且它继承了我国传统的造像风格，充分体现了道教的美学思想；第四是养生与道斋，道教的养生术是相当庞大而复杂的体系，齐云山的养生修炼与道教饮食紧密相连。此外，齐云山的道教文化还体现在道场与道教音乐等方面。

碑刻

　　一般来说，在地面立石作为纪念物或标记，多称为碑；其上镌刻文字或图画，称为碑刻。中国古代碑刻历经2000余年的发展变化，分布地域辽阔，形式多样，数量巨大，内容涉及哲学、宗教、历史、文化等诸多方面。

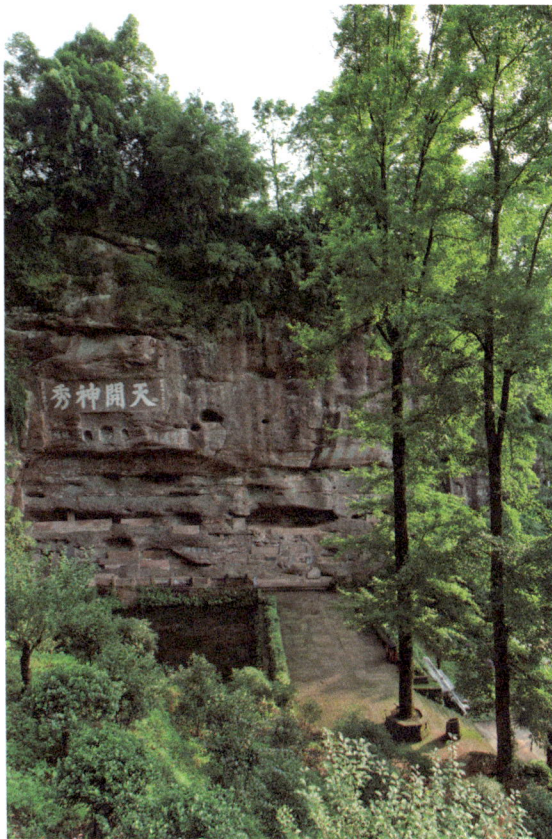

齐云山风光

雕塑

雕塑又称雕刻，是雕、刻、塑的总称，指用各种可塑材料创造出的具有一定空间的可视、可触的艺术形象，并以此来反映社会生活，表达艺术家的审美感受、审美情感、审美理想的艺术。

道斋

总的来说，道斋一词有三种解释：其一，道士的居所；其二，道士所做的法事；其三，吃素斋。通常，第三种解释适用的范围较广。

正一派的传统

　　正一派原为五斗米道。元以后，为道教上清派、灵宝派和天师道等符箓派之总称，与全真道同为道教之两大派。正一道以《正一经》为主要经典，不重修持，崇拜神仙，画符念咒，降神驱鬼，祈福禳灾。相传张陵称太上老君授以三天正法，"教以正一新出道法"，又"授以正一盟威之道，伐诛邪伪，与天下万神分付为盟，悉承正一之道"。张陵之子张衡于东汉"永寿二年袭教居阳平山，岁以经箓授弟子，克彰正一之道"。传说张陵四代孙张盛徙居江西龙虎山后，为道教之龙虎宗，尊张陵为"正一天师"。唐宋崇道，南北天师道与上清派、灵宝派等道派逐渐合流，宋理宗敕三十五代天师张大可，提举三山（龙虎山、阁皂

齐云山下

山、茅山）符箓，兼御前诸宫观教门事，龙虎山正一天师遂为各道派之首。元世祖命三十六代天师张宗演"主江南道教事"；元成宗大德八年（1304）授三十八代天师张与材"正一教主，主领三山符箓"，正一道以张天师为道首，其道士可以不居宫观而有家室。

五斗米道

五斗米道（天师道）是道教早期的重要流派。传统认为，五斗米道是张陵于126—144年在四川鹤鸣山创立；另一种认为由张修在184年之前创立于汉中。

《正一经》

《正一经》是纂辑于南北朝的道经，今已散佚，但在《无上秘要》、《道教义枢》、《三洞珠囊》、《仙苑编珠》、《云笈七签》等道教类书中保存有许多佚文，它是一本重要的道书。

张陵

张陵，字辅汉，道教徒称之为张道陵、张天师、祖天师等。东汉时沛国丰（今江苏丰县）人。据《后汉书·刘焉传》说张陵于汉顺帝时在四川鹤鸣山学道，造作符书，以惑百姓。

道儒佛的融合

石雕

　　道儒佛简称为"三教"，指的是道、儒、佛三家。"三教"最早的记载缘起于三国孙权和上书令阚泽的谈话。三教实际上是汉代之后对中国主要宗教和各种学术流派的泛指。三教的融合，可以分几个阶段，魏晋南北朝是一个阶段，唐宋是一个阶段，元明清是一个阶段。最初阶段，虽然有三教的连称，不过彼此是独立的，当然相互间都有影响。儒、道、佛三者之所以相提并论，则是偏重于它们社会功能的互补。中间阶段是一个过渡的阶段，主要在于彼此内在意识上的流通融合，逐步变成你中有我，我中有你，但就其主流而言，依然各树一帜。只有最后阶段才出现真正宗教形态上的三教合一。其中，第二阶段是在继续第一阶段三教功能互补的基础上增添的新内容，第三阶段亦是在前两个阶段的基础上再演化出"三教合一"的新成分，这也反映了三教合流的趋势越来越明显。

孙权

孙权（182—252），字仲谋，祖籍吴郡富春（今浙江富阳），生于下邳（今江苏徐州睢宁西北）。三国时期吴国的开国皇帝，229—252年在位。

阚泽

阚泽，字德润，会稽山阴人，三国时期的学者，性谦恭笃慎，孙权称尊后为尚书，嘉禾时为中书令、侍中，赤乌时为太子太傅，去世后孙权曾因痛惜感悼而食不进数日。

魏晋南北朝

魏晋南北朝是中国历史上政权更迭最频繁的时期，封建割据和连绵不断的战争，使这一时期受到特别的影响。表现则是玄学兴起、佛教输入、道教勃兴及波斯、希腊文化的进入。

徽州文化的影响

　　徽州文化是一个极具地方特色的区域文化，其内容广博、深邃，有整体系列性等特点，深刻透露了东方社会与文化之谜，包容了中国封建社会后期民间经济、社会、生活与文化的基本内容，被誉为中国封建社会后期的典型标本。学术界对其的研究，至少经历了大半个世纪，逐渐形成一门相对独立的地方学——"徽学"，被誉为与敦煌学和藏学并列的中国三大走向世界的地方显学之一。历史上有纷呈的学派与流派，内容几乎涵盖文化的所有领域。其文风昌盛、教育发达、人才辈出。徽州文化考证了中国农村封建社会的真情，借史志官记述历史，具有中国封建社会后期社会文化发展典型的标本研究价值。研究徽派朴学极具中国近代学术思想，特别是经学研究的典型价值。研究新安画派就可以标本性地研究整个两宋以后的中国画发展，并且其影响延续至今。所以说，进行徽学研究实际也就是进行中国封建后期文化的典型标本研究，其个别中可透视一般。

敦煌学

　　敦煌学是指以敦煌遗书、敦煌石窟艺术、敦煌学理论为主，兼及敦煌史地为研究对象的一门学科，是研究、发掘、整理和保护中国敦煌地区文物、文献的综合性学科。

齐云山风光

佛学

佛学是对释迦牟尼与佛陀学说的研究，主要集中在对于佛教经典的整理与注疏上。它有时等同于现代的佛教研究，但通常使用在较传统的研究方法上。

新安画派

明末清初，在徽州区域的画家，善用笔墨描写家山，借景抒情，表达心灵的逸气，画论上提倡画家的人品和气节因素，绘画风格枯淡幽冷，具有鲜明的士人格调。因为这群画家的地缘关系、人生信念与画风都具有同一性质，所以时人称他们为"新安画派"。

香　火

　　香火的解释有两种：一种是指供奉神佛或祖先时燃点的香和灯火，如来朝拜的很多，香火很旺盛；另一种是指寺院里管香火的人。古时候香火也指后辈烧香燃火祭祖，故断了香火就指无子嗣。古时有一说，不孝有三，无后为大，即没有后代传承香火是最大的不孝。香火也被用来指祭祀用的线香与蜡烛，引申为祭祀；引申为祭祀神祇、佛祖者，意思就是信徒；引申为祭祀祖先者，意思就是子孙、后裔、继承人。香火还是香火袋的简称，香火袋就是装着神祇之雕塑、标志、图画、香灰、符咒等象征物的袋子，代表神祇本身。香火也是香火钱的简称。香火钱是信徒捐献给寺庙的金钱，也叫做香油钱。唐白居易《五月斋戒先以长句呈谢》："散斋香火今朝散，开素盘筵后日开。"元胡用和《粉蝶儿·题金陵景》套曲："三山香火年年盛，十庙英灵世

香火旺盛

世昌。"清侯方域《任源邃传》："少时有羣儿戏为泥龛于田间，设神像，谬以灵应相与煽惑，为香火哄里闾间。"

子嗣

子嗣就是子孙，指传宗接代的人。出自元·无名氏《刘弘嫁婢》楔子："师父道在下夭寿，师父道在下绝嗣。师父，如何全美的寿数，如何得有这子嗣？师父一发与迷人指路者。"

信徒

信徒为信仰某一宗教的人的称呼，今也泛指信仰某一主义、学派、主张或某个人的人。信徒有宗教上的、政治理论上的和对某种理念的。

侯方域

侯方域（1618—1654），清代文学家，字朝宗，商丘（今属河南）人。侯方域少年时就有才名，擅长散文，以写作古文雄视当世。

香
火

道　　场

山尖小亭

作为全国四大主要道场之一，齐云山道场活动的科目多达25种，例如：女人祝愿亡夫在阴曹地府平安无灾的诸天科，父母帮体弱多病的儿女祈求解除劫难的解结科，祈求神法多生贵子的百子科等完备的法事。因几乎能满足香客不同的祈求愿望，所以香客对齐云山道教神主的虔诚之情越来越强。在整个道教的法事仪式中，道教音乐是贯穿法事活动全过程的。由于道教仪式的结构和内容极其繁杂，所以，与此相对应的道教音乐的内容和形式也就十分丰富，且具有内在的连贯性。道教做法事，必须锣鼓乐器配合以增加庄严而强烈的气氛。齐云山道场音乐韵律优美，缥缈飞翔，给人一种美的享受，一种精神与心灵上的抚慰。其以强烈而又独特的宗教色彩，彰显出我国正一道与地域文化紧密结合的魅力。道场音乐是我国传统文化徽文化的重要组成部分，是一种极富生命力的民间传统音乐。道场主要用意在于行孝慈，同时也给家族带来安全感，解除因亲人亡故带来的心理阴影。

乐器

乐器泛指人类制造出来的能够发出乐音并能够进行音乐艺术再创造的器具。乐器一般来说分为民族乐器与西洋乐器。

道教音乐

道教音乐是道教仪式中不可缺少的内容，即道教进行神仙祝诞、祈求上天赐福、降妖驱魔以及超度亡灵等法事活动时所使用的音乐，又称法事音乐、道场音乐。

韵律

韵律有两个基本意思：一是声韵和节律，如诗词中的平仄格式和押韵规则，后引申为音响的节奏规律；二是指某些物体运动的均匀节律。

道场

百 字 会

齐云山奇峰

　　旧时祁门县城百姓赴齐云山进香和游山，自发组织"百子会"。会名有"祁城"、"长生"、"风玄"等，俗称"祁城百子"、"长生百子"、"风玄百子"。百子会由一二百人组成，设若干个"香头（进香的头领）"，每个香头管辖十一二个人。香头的任务是收缴会费、经管账目和联系游客的吃住事宜。农历九月十六日为进香日，香客手持灯笼和纸扎的香亭，绕县城一圈，然后步行上齐云山。在山上先观看各道院道士打醮、进香，后逛月华街及领略齐云风光，夜宿长生楼，次日下山返城，会事结束。休宁县流口地区曾元会、三多会进香日为农历七月十九日，屯溪永敬会进香日为九月初一日，休宁蓝渡诚敬会、祁门百子会的进香日为农历九月十六日。九月初九日玄天上帝登极日，是齐云香火的最高潮，在山香客往往达5000余人。朝山者，三天前就虔诚沐浴斋戒，家院洗刷一新，不容半点荤腥血秽。起程之日，朝山者穿着整洁朴素，肩背黄布香袋，香袋上写"齐云进香"，下写某香会字样，由会首领头，肩荷进香大旗，鸣锣开道。各式旗幡、各色凉伞相随，丝竹之声和鸣，爆竹震耳。行进中逢观遇庙，均需焚香叩拜。

香头

香头就是古时对主管一个庙香火的亚人的称呼，源自《红楼梦》第三十九回《村老老是信口开河 情哥哥偏寻根究底》。

香亭

香亭是内置香炉的结彩小亭，祭祀用品，香炉的一种，插香于内可防雨淋，外形一般像亭子。可抬，旧时赛会、出殡使用。

旗幡

旗幡，即旌旗。唐王建《寄贺田侍中东平功成》诗："百里旗幡冲即断，两重衣甲射皆穿。"唐刘禹锡《武陵书怀五十韵》："王正会夷夏，月朔盛旗旛。"

百字会

音成道日

音成道日是指农历六月十九日佛教界的重大纪念日——观世音菩萨成道日。佛教认为，此日念佛、诵经、持咒、放生尤为殊胜，具大功德。为什么把六月十九日定为观世音菩萨成道日呢？这是因民间由来已久的一个说法演化而来的。传说很久以前有一位妙善公主，其后来于六月十九日成道证果，现千手千眼观世音菩萨相，于是后人便把这一天定为观世音菩萨成道日。宋朝太师蔡京撰写的《大悲观世音菩萨得道证果史话碑》，碑文中提到妙善公主，在此香山修炼得道，妙善公主的舍利（遗骨）就葬在北宋熙宁元年（1068）重建的"大悲观音塔"下面。"大悲观音塔"是结构坚固雄伟的八角九层密檐式砖塔，现尚保存完整。观音，最早起源于叙利亚的摩尼教教义，含义是一呼可至的救苦救难之光。后来又作观世音菩萨、观自在菩萨、光世音

齐云山

菩萨等，从字面解释就是"观察(世间民众的)声音"的菩萨，是四大菩萨之一。

农历

农历是中国长期采用的一种传统历法，它以朔望的周期来定月，用置闰的办法使年平均长度接近太阳回归年，因这种历法安排了二十四节气以指导农业生产活动，故称农历。

蔡京

蔡京，字元长，北宋权相之一、书法家，以贪渎闻名。兴化仙游（今属福建）人，曾任仆射兼门下侍郎（右相），后又官至太师。蔡京先后4次任相，共达17年之久。

舍利

舍利梵语音译为"设利罗"，译成中文为灵骨、身骨，是一个人往生，经过火葬后所留下的结晶体。

音成道日

齐云山南酸枣糕

道观

　　齐云山南酸枣糕产自国家命名的"中国南酸枣之乡"，由原始森林的百年野生南酸枣果，结合传统的加工技术制成，富含天然风味和原始清香，风味独特，入口由酸而甜，纯滑柔韧。齐云山特产的野生南酸枣堪称"山中果王"。它又被当地人称为"五眼果"，因为果核顶有5个匀称的小孔。南酸枣树高大挺拔，生长在齐云山腹地，南方潮湿的气候和充沛的阳光，使南酸枣果实酸甜可口，更重要的是未受到任何人工的污染。齐云山南酸枣富含丰富植物黄酮、维生素C、果胶、膳食纤维、有机酸、氨基酸等营养成分。通常情况下一般的水果会因为放置时间的增加，而导致维生素C的含量降低，但齐云山南酸枣放置较长时间后维生素C含量仍极高。这归功于酸枣厚厚的枣皮，枣皮能避免枣肉与空气的接触，而阻止了维生素C的氧化，因此，齐云山南酸枣可谓"活的维生素C丸"。用营养价值如此之高的野生南酸枣精制而成的齐云山南酸枣糕具有很高的营养价值。

原始森林

原始森林又被称作"地球之肺"，它通过对降雨和蒸发的控制调节天气，维持着地球的生态平衡，并以储存大量碳物质来保持气候的稳定，所以保护原始森林具有重大的意义。

植物黄酮

植物黄酮属于植物中的一种化学成分，具有调节机体生理功能、预防疾病的功效。它广泛存在于自然界植物之中，是最有活性的天然成分之一，对人类的健康具有不可或缺的作用。

氨基酸

氨基酸是构成蛋白质的基本单位，是含有氨基和羧基的一类有机化合物的通称，也是构成动物营养所需蛋白质的基本物质。

齐云山南酸枣糕

"杜" 字虾米豆腐干

  "杜"字虾米豆腐干，作为安徽的一道特色小吃，颇负盛名。杜家豆腐店的虾米豆腐干的独特之处在于其用料的独特、制作的精细以及配方的讲究。制作一道色香味俱佳的虾米豆腐干，方法如下：首先，选用一年之内颗粒饱满的新鲜黄豆为主要原料，并筛去杂质；其次，要选用优质的小虾米，去除杂质之后用水炖开；再次，用桂皮、花椒、大茴、小茴等佐料拌入黄豆内，并将它们一起磨碎；最后，向酱油内添入适量的虾米汁、冰糖、茴香、桂皮等佐料，然后一同放进卤锅。这样，制成的虾米豆腐干，看起来颜色淡褐，触摸起来光滑如玉，闻起来香味浓郁，品尝起来鲜美可口。该豆腐干不仅富有韧性，甚至折叠不会开裂，

齐云山

刀劈不会散碎。虾米豆腐干可切成细丝或者薄片，撕开不仅可见其细密纹理，且有虾米在其内。佐酒下茶或者当作菜肴的配料时，还有作为零食时，虾米豆腐干都是不错的选择。

桂皮

桂皮又称肉桂、官桂或者香桂，是樟科植物天竺桂、阴香、细叶香桂、肉桂、川桂等树皮的通称。常用于中药，又是常见的食品香料或烹饪调料。

茴香

茴香分大、小茴香，二者都是常用的调料，用在炖肉、烧鱼、制作卤制类食品时，因它们能除肉中的腥、臭气，使之重新添香，故曰"茴香"。

花椒

花椒为落叶灌木或小乔木。果皮可作为调味料，提取芳香油或入药。种子可食用、加工成肥皂。花椒能除各种肉类的腥气，不仅能增加人的食欲，还具有降低血脂的作用。

"杜"字虾米豆腐干

119

绩溪菜糕

象鼻岩

　　民以食为天，徽商很喜欢家乡风味，人到哪里，饮食文化就传播到哪里，这已不仅仅是吃，它维系着对故土的眷恋，厮守着灵魂和根。徽菜的许多菜品是令人叫绝的，绩溪菜糕就是一道风味独特的知名小吃，不吃不知道，吃了让人心灵通泰，齿颊留香。其做法也很独特，先将糯米放在水中浸透，然后捣碎，筛后加工成米粉，晒干贮藏起来。食时将糯米粉盛放在木盆内，加入适量水和微量酒酿，然后搅拌成糊状，让其发酵，并保持一定的温度。当糯米粉糊发酵成蜂窝状时，遂按甜、咸两种味道配料。甜蒸糕在糯米粉糊内拌入若干白糖、小红枣及红绿丝即可；咸蒸糕则将事先炒熟的豇豆干丁、豆腐干丁和瘦猪肉丁拌入糯米糊中。配好料倒入蒸笼内，厚度约1厘米。蒸糕时，将蒸笼一层一层地叠放在锅内，盖好锅盖后，文火烧5分钟，转旺火烧，再用文火烧若干分钟。当锅内散发出特有的香味时，蒸糕便制成了。

糯米

糯米是糯稻脱壳的米，在中国南方称为糯米，而北方多称为江米。糯米是制造黏性小吃，如粽、八宝粥、各式甜品的主要原料，也是酿造醪糟（甜米酒）的主要原料。

糨糊

面粉或淀粉加水熬制为糊状即为糨糊。糨糊具有一定的黏稠度，多用于纸张、布料或物品的黏合。现代生产的多为纤维素和胶水制成的化学糨糊。

红绿丝

红绿丝，也叫青丝、玫瑰丝，是汤圆、月饼、糕点等食品常用的馅料，其加工原料为橘子皮、萝卜皮等，一般人均可食用，常用于菜谱辅料。

绩溪菜糕

齐云山的矿产资源

　　齐云山位于休宁县境内，该县位于安徽省最南端，与浙、赣两省交界，全县总面积2151平方千米，辖10镇、11乡、157个行政村，总人口27.4万。概括其特点，可以说是"交通枢纽重地、徽州文化宝地、休闲养生胜地、特色农业基地、宜居宜业福地"，是一个"八山一水半分田，一分道路和庄园"的典型山区县。由于古生代和三叠纪为海水淹没，广泛沉积了层厚、质纯的白云岩和灰岩，燕山运动期间沿江一带岩浆活动普遍、频繁，形成了具有工业意义的铁、铜、硫、钒、铅、锌、明矾石等矿藏和石油资源，近年在该地区又发现了金矿。齐云山已探明资源储量的矿产有30多种，其中能源矿产5种、水气矿产2种。其矿产资源特点是矿产资源种类比较丰富，主要矿产资源分布相对集中，铜、铅、锌、钼等有色金属矿产资源不足，铁矿资源丰富，但富铁矿非常少，非金属矿产种类和资源储量比较丰富。

山上缆车

行政村

行政村是指政府为了便于管理而确定的位于乡下的一级管理机构所管辖的区域。两者的关系是自然村一般小于行政村，也就是说，几个相邻的小村可以构成一个大的行政村。

明矾石

明矾石是一种广泛分布的属三方晶系的硫酸盐矿物，明矾就是由它制取的。明矾石可用来制造钾肥、硫酸，也可用来炼铝。明矾石一般为块状或土状，它的晶体不明显，是隐晶矿物。

钼

钼在元素周期表中原子序数是42，为人体及动植物必须的微量元素。为银白色金属，硬而坚韧。人体各种组织都含钼，成人体内总量为9毫克，肝、肾中含量最高。

齐云山的矿产资源

齐云毛峰

　　齐云毛峰又名齐云道茶，也称白岳黄芽，产于安徽省休宁县齐云山。这里山峻谷幽，竹密林深，云雾弥漫，土壤肥沃，十分适宜茶叶生长。清明后谷雨前采摘齐云毛峰，黄中隐翠，白毫显露，一叶包一芽，状似金边镶碧鞘，碧鞘裹银箭，十分别致。开水冲泡时，香若幽兰，芽叶悬浮汤中，朵朵可辨，稍许徐徐下沉，耐人观赏。入口鲜醇，咽后生津，回味无穷。数百年来，文人雅士谒山求道，无不于轻风微岚之中与齐云毛峰结下难舍情缘。齐云毛峰在1979年被评为地方名茶之一。其色、香、味俱臻上乘，这除了与得天独厚的自然环境有关系外，同它的精制是分不开的。茶叶要求采摘后，遵循"炒得轻、抓得快、抖得散、翻得匀、捞得净"的杀青要领，做到"手不离茶、茶不离锅"。齐云毛峰不需揉捻，杀青后即上烘笼。烘制分毛火、足火两个阶段，中间经过摊凉、回软过程，直至烘到手捻撕碎，黄绿毫显，幽香扑鼻即成。

清明

　　清明的意思是清淡明智，也指二十四节气之一。中国广大地区有在清明之日祭祖、扫墓、踏青的习俗，后清明逐渐演变为华人以扫墓、祭拜等形式纪念祖先的一个中国传统节日。

齐云山风光

谷雨

谷雨是二十四节气的第六个节气，每年4月19日至21日视太阳到达黄经30°时为谷雨，源自古人"雨生百谷"之说。同时也是播种移苗、掩瓜点豆的最佳时节。

毛峰

毛峰属于绿茶，正宗原产地为安徽黄山，也是我国十大名茶之一。黄山毛峰属于炒青绿茶，外形微卷，状似雀舌，绿中泛黄，银毫显露，且带有金黄色鱼叶。

文学作品中的齐云山

　　齐云山自古至今都是文人墨客笔下的亮丽风景，同时齐云山以其绚丽多姿的丹霞地貌和淳朴独特的道教文化，吸引古今名流纷至沓来，登临览胜，即景命题：或唱和酬答，或抚今吊古，或作画以明志，或挥毫而抒怀，或致力于探险寻幽以深究奥秘，或尽其游兴所得倾注于著述。这些多载入史册，流传于世，为名山增色。其中有著名的唐伯虎所作的《七律诗咏齐云山》："摇落郊园九月余，秋山今日喜登初。霜林著色皆成画，雁字排空半草书。面蘖才交情谊厚，孔方兄与往来疏。塞翁得失浑无累，胸次悠然觉静虚。"还有《题齐云山石室壁》："齐云山与壁云齐，四顾青山座座低。隔继往来南北雁，只容日月过东西。"这两首诗分别赞美了齐云山的美景和石室壁的雄伟壮观。宋朝汪立信的《云岩》："齐云形胜冠江南，维石岩岩不尽探，凿洞几时留鬼斧，度仙何日驻鸾骖。雨后图画尘埃净，日出芙蓉紫翠含。长啸一声山谷应，老龙惊起出寒潭。"可以说古诗佳句、山水名画数不胜数，足以看出齐云山的重要地位。

文人墨客

　　文人墨客泛指文人、文士，同"文人墨士"。出自清韩邦庆《海上花列传》："而那些封建旧文化培养出来的文人墨客、风流雅士，置国事于不问，整天吃花酒，作艳诗。"

山林道观

塞翁

塞翁典出《淮南子·人间训》，指忘身物外，乐天知命，不以得失为怀的人。唐戴叔伦《赠韦评事儹》诗："是非园吏梦，忧喜塞翁心。"

汪立信

汪立信（1201—1275年），字诚甫，少时随叔祖迁居六安，南宋淳祐六年（1246）登进士第。龙穴山上有汪立信读书处旧址。

图书在版编目（CIP）数据

齐云山 / 张锦编著. -- 长春 : 吉林出版集团股份有限公司，2013.1
（中华美好山川）
ISBN 978-7-5534-1395-2

Ⅰ．①齐… Ⅱ．①张… Ⅲ．①齐云山－介绍 Ⅳ.①K928.3

中国版本图书馆CIP数据核字(2012)第316533号

齐云山
QIYUN SHAN

编　　著　张　锦
策　　划　刘　野
责任编辑　赵黎黎
封面设计　隋　超
开　　本　680mm×940mm　1/16
字　　数　42千字
印　　张　8
版　　次　2013年 1月 第1版
印　　次　2018年 5月 第3次印刷

出　　版　吉林出版集团股份有限公司
发　　行　吉林出版集团股份有限公司
地　　址　长春市人民大街4646号
　　　　　邮编：130021
电　　话　总编办：0431-85618719
　　　　　发行科：0431-85618720
邮　　箱　SXWH00110@163.com
印　　刷　湖北金海印务有限公司

书　　号　ISBN 978-7-5534-1395-2
定　　价　25.80元